Duden

Sprichwörter und Redewendungen aus aller Welt

Duden

Sprichwörter und Redewendungen aus aller Welt

Wo es Katzen und Hunde regnet

Dudenverlag
Berlin · Mannheim · Zürich

Bibliografische Information der Deutschen Nationalbibliothek
Die Deutsche Nationalbibliothek verzeichnet diese Publikation in der Deutschen Nationalbibliografie; detaillierte bibliografische Daten sind im Internet über http://dnb.d-nb.de abrufbar.

Bibliographisches Institut GmbH, Mecklenburgische Straße 53,
14197 Berlin

E D C B A

ISBN 978-3-411-72194-8
Auch als E-Book erhältlich unter:
ISBN 978-3-411-90571-3

Autor Wolfgang Riedel, Professor für Cultural Studies, Mainz
Projektleitung Ulrike Emrich, Iris Glahn
Lektorat Heinrich Kordecki
Herstellung Monika Schoch, Monique Markus
Umschlaggestaltung Büroecco, Augsburg
Satz Moers Fotosatz, Viersen
Druck und Bindung Beltz Bad Langensalza GmbH,
Am Fliegerhorst 8, 99947 Bad Langensalza
Printed in Germany

www.duden.de

Zur Anordnung der Inhalte

Enthalten sind ein Inhaltsverzeichnis, die Einführung zum Thema, Großartikel zu den wichtigsten Sprichwörtern und Redewendungen und ein Register der Sprichwörter aus aller Welt mit Verweisen auf die Großartikel.

Das Inhaltsverzeichnis listet – sortiert nach Themen- und Bedeutungsbereichen (z. B. Reich und Arm, Dummheit und Klugheit, Recht und Ordnung) – die Großartikel zu den deutschen Sprichwörtern und Redensarten auf. Ein und dasselbe Sprichwort kann hierbei in mehreren Themenbereichen zu finden sein.

In der Einleitung geht es um die Herkunft der Sprichwörter und um die Sprichwörterforschung.

Das Herzstück des Bandes sind die alphabetisch angeordneten ausführlichen Artikel zu 68 deutschen Sprichwörtern und Redewendungen. Darin enthalten sind jeweils fünf bis zehn internationale Entsprechungen, d. h. Sprichwörter und Redewendungen über einen vergleichbaren Sachverhalt und/oder zum selben Thema aus den unterschiedlichsten Regionen Europas und der Welt. Im Kontext werden interkulturelle Bezüge – Vorurteile, Übereinstimmungen und Verschiedenheiten – erkennbar.

Am Ende steht das ausführliche Register mit den über 550 Sprichwörtern und Redewendungen, die nicht als Überschriften der Großartikel dienen, mit den entsprechenden Verweisen.

Gehen Sie auf sprachliche Entdeckungsreise rund um den Globus. Wir wünschen allen Leserinnen und Lesern viel Spaß.

Ihr Dudenverlag

Inhalt

Gerechtigkeit und Vergeltung

Geschichte

Gesellschaft

Glaube, Gott und Religion

Gleichheit und Gegensatz

Glück und Unglück

Gut und Böse

Kinder und Familie

Lebenskunst

Liebe und Ehe

Macht

Menschen und Menschliches

Mut

Recht und Ordnung

53 Ist die Katze aus dem Haus, tanzen die Mäuse auf dem Tisch
85 Wer zuerst kommt, mahlt zuerst
86 Wie der Herr, so's Gescherr

Regel und Ausnahme

34 Eine Schwalbe macht noch keinen Sommer
54 Keine Regel ohne Ausnahme

Schein und Sein

16 An seinen Früchten erkennt man den Baum
29 Die Kutte macht keinen Mönch
38 Es ist nicht alles Gold, was glänzt
70 Stille Wasser gründen tief

Schicksal

76 Vom Regen in die Traufe kommen

Sprache, Reden und Schweigen

66 Reden ist Silber, Schweigen ist Gold
77 Wände haben Ohren

Wahrheit und Lüge

56 Lügen haben kurze Beine.
82 Wer einmal lügt, dem glaubt man nicht, und wenn er auch die Wahrheit spricht

Zeit

30 Die Zeit heilt alle Wunden
31 Eile mit Weile
37 Ende gut, alles gut
59 Man soll den Tag nicht vor dem Abend loben
67 Rom wurde nicht an einem Tag erbaut

Einführung

Das Sprichwort – lateinisch proverbium, wörtlich übersetzt „vorangestelltes Wort“ – wurde in Westeuropa über die lateinischen Bibelübersetzungen und später im 12. Jahrhundert über das altfranzösische proverbe in die sich herausbildenden europäischen Nationalsprachen als proverb, proverbio, proverbe, поговорка und eben als „Sprichwort“ übernommen. Dabei zeigt sich in den Übersetzungen des alttestamentarischen Buches der „Proverbia“ – englisch *Book of Proverbs,* französisch *Livre des Proverbes,* deutsch *Buch der Sprichwörter* –, dass hinter der bekannten griechisch-lateinischen Herkunft sich auch altägyptische und altorientalische Traditionen verbergen, die aus der Zeit um 1000 v. Chr. stammen.

Die im Folgenden behandelten Sprichwörter der Sprachen Deutsch, Englisch, Französisch, Italienisch, Russisch und Latein teilen die gemeinsame Grundbedeutung einer daraus abgeleiteten Lebensweisheit. So stellt das *Oxford English Dictionary* sie in die Nähe von grundsätzlichen Aussagen (pithy saying) und Weisheit (wisdom), während das französische *Dictionnaire des Proverbes* von Larousse sie in der Tradition von Maxime und Sentenz (im Sinne von Meinung) sieht, wofür passend das Sprichwort des römischen Komödiendichters Terenz steht: „Wie viele Menschen, so viele Meinungen“ (Quot homines, tot sententiae). Allerdings ist für letzteres Werk die Sentenz, weil sie zum Nachdenken anregt, gehobener als das Sprichwort, und die Maxime der Sentenz sogar überlegen, da sie als Ausdruck eines Vernunfturteils, quasi als „große Sentenz“ und als „gelehrtes Sprichwort“ (le proverbe savant) gilt.

Von Denksprüchen und Gleichnissen – Sprichwörterforschung

Fast alle Herausgeber und Kommentatoren von Sprichwörtersammlungen und auch die Mehrzahl der Verfasser wissenschaftlicher Texte zur Parömiologie – so die Sprichwörterforschung im Fachjargon (wörtlich die Lehre von Denksprüchen bzw. Gleichnissen) – sind sich einig darüber, wie groß die Bedeutung des lateinischen und biblischen Erbes für unseren Schatz an Sprichwörtern ist.

Eine empirische Studie zeigt: Europäische Sprichwörter – damit sind die in den sechs größten west- und mitteleuropäischen Sprachräumen vorkommenden Sprichwörter mit vergleichbarem Inhalt gemeint – sind zu 42 % lateinischen und zu 17 % biblischen Ursprungs. Jeweils weitere 13 % beruhen auf Übersetzungen aus dem Griechischen bzw. aus anderen europäischen Sprachen (Franziska Baum: Europäische Sprichwörter und sprichwörtliche Redensarten, 2005).

Für uns mag eine Definition des Parömiologen Wolfgang Mieder ausreichen, nach der „Sprichwörter allgemein bekannte, fest geprägte Sätze“ sind, „die eine Lebensregel oder Weisheit in prägnanter, kurzer Form ausdrücken und die für einen gewissen Zeitraum im mündlichen und schriftlichen Verkehr im Umlauf waren oder sind“ (Wolfgang Mieder, Lutz Röhrich: *Sprichwort*, 1977).

Als Vater der Parömiologie gilt Aristoteles, dessen *Rhetorik* den Gebrauch von Sprichwörtern (Sentenzen) rechtfertigt. Bis heute unbestritten ist seine Bemerkung über deren Wirkung: Die Zuhörer fühlen sich angesprochen durch die im Sprichwort formulierte allgemeine Erfahrung, die sie wiedererkennen, während der Sprechende als jemand der ihren, der diese Erfahrung teilt, anerkannt wird. Wiedererkennung und Anerkennung sind wichtige Grundlagen der Identität. Aristoteles macht keinen Hehl daraus, dass sich für den gelehrten Rhetoriker gegenüber einer ungebildeten Zuhörerschaft Möglichkeiten der Manipulation ergeben. Mit dieser quasiphilosophischen Weihe des Sprichworts wurde das gelehrte bzw. wissenschaftliche Interesse daran initiiert, und die humanistischen Verehrer der Klassik konnten ihre Beschäftigung mit der Sprache und Metaphorik des gemeinen Volkes als von höchster philosophischer Stelle legitimiert betrachten. Auch die zahlreichen biblischen Sprichwörter werden zunächst unter einem eher nicht theologischen Blickwinkel betrachtet, bis schließlich die Reformation religiöse und lebenswirkliche Erfahrungen zusammenbringt.

Im Jahr 1500 erscheint die erste neuzeitliche Sprichwortsammlung, *Adagiorum Collectanea,* die 818 Sprichwörter enthält, gesammelt, aufgeschrieben und kommentiert von Erasmus von Rotterdam. Acht Jahre später ist eine Neubearbeitung bereits auf 3 260 Einträge angewachsen. In dieser neuen literarischen Form treffen philologisches Interesse und die Möglichkeit, mit auf Moral und Anstand zielenden Deutungen der Sprichwörter auf die Sittlichkeit der sogenannten niederen Stände einzuwirken, aufeinander. Der lateinische Begriff „adagium" ist zusammengezogen aus „ad agendum" (deutsch „was zu tun ist") und verweist auf die moralisch unterstützende Funktion des Sprichworts. Diesen Aspekt will auch Johann Agricola, theologischer Reformer und Freund Martin Luthers, betonen. Sein Werk *Dreihundert gemeiner Sprichwörter* (1528) versteht er als moralisches Korrektiv schlichten Glaubens gegen die korrupte und betrügerische Welt – kein Wunder, dass hier 300 Einträge nicht ausreichen und er noch im gleichen Jahr eine Ergänzung mit 450 weiteren Sprichwörtern publiziert, die dann 1534 als *Sybenhundert und Funfftzig Teutscher Sprichwörter* den Kampf gegen „Finanzer und Betrüger" fortsetzt. Die Liste der Sammler und Editoren ist lang, sehr lang. Genannt seien hier stellvertretend nur Martin Luther, ein großer Freund der volksnahen Sprache, der eine Sammlung in der Schublade hatte; Geoffrey Chaucer und William Shakespeare, in deren Texten Sprichwörter zu Hunderten Verwendung finden; die umfangreichen Sammlungen von John Heywoods (*Dialogue conteinyng the nomber in effect of all the proverbes in the english tongue,* 1546) und das *Concise Oxford English Dictionary of Proverbs* (1982), ein Standardwerk unserer Zeit. Lessing kopierte und sammelte; Goethe bewunderte sie und flocht sie ein, wo immer möglich; Benjamin Franklins *Poor Richard's Almanack* (1732) prägte die amerikanische Nation und wurde an Popularität nur von der *Bibel* übertroffen; Karl Simrocks *Die deutschen Sprichwörter* (1847) enthält über 12 000 und ist bis heute in zahlreichen Ausgaben erhältlich.

Der interkulturelle Blick – Übereinstimmungen und Unterschiede

Schaut man auf die bekanntesten Sprichwörter der europäischen Tradition, d. h. der klassischen griechischen und römischen sowie biblischen Traditionen, so zeigen sich viele Übereinstimmungen der rhetorischen Struktur, Bildwahl und Aussage, allerdings auch viele Unterschiede. Ein interkultureller Blick auf die Sprichwörter fördert also zum einen die gemeinsame Grammatik regionalsprachlicher Versionen zutage, zum anderen enthüllt er aber auch mehr oder weniger signifikante Unterschiede in der sprachlichen Ausgestaltung und in der Bildsprache, die auf nationale, regionale oder gar ideologische Eigenheiten verweisen. Diese Bezüge aufzuzeigen, ist das Interesse des vorliegenden Bandes in der Reihe der Duden-Taschenbücher. Dabei werden etliche Klischees, Stereotype und Vorurteile erscheinen, und das wird in unseren Zeiten von politisch korrektem Sprachverhalten und Diskriminierungstabus bei so manchem Ablehnung oder gar Empörung provozieren.

Die Ablehnung von Vorurteilen hat eine lange philosophische Tradition. Immanuel Kant bezeichnete sie als „irrige Urteile“, die aus „Mangel an Verstand und Überlegung“ zustande kommen, durch Gewohnheit und Nachahmung übernommen werden und zur Täuschung des „gemeinen Verstandes“ bzw. „des gemeinen Pöbels“ führen. Die neuere Sozialpsychologie hat dagegen auch den Nutzen der Vorurteile für die subjektiven Ordnungsprozesse unserer Wahrnehmung der Wirklichkeit herausgestellt.

Auch die vorliegende Sammlung soll nützlich sein, indem sie mit Sprichwörtern, Sprachbildern und darin verankerten Verhaltens- und Lebenswirklichkeiten anderer Völker, anderer Nationen, in anderen Ländern und Kontinenten bekannt macht.

Aller guten Dinge sind drei

Alltag / Recht und Ordnung

Obwohl das Sprichwort einen juristischen Ursprung hat – in germanischen Gerichten hatte ein Angeklagter drei Mal die Möglichkeit, sich zu verteidigen, ehe er schuldig gesprochen werden konnte –, liegt der Bezug zum christlichen Trinitätsprinzip nahe. So heißt es im Russischen: „Bog ljubit troizu" (Gott liebt die Dreifaltigkeit). Dieser Glaube an die Dreiheit (Triade) ist tief verwurzelt in fast allen Mythologien, dies zeigt sich sowohl bei Gottheiten (z. B. im alten Ägypten mit Isis, Osiris und Horus oder bei den nordgermanischen Völkern mit Odin, Thor und Fryr) als auch bei kosmologischen Ordnungsprinzipien (z. B. in der griechischen Antike mit Olymp, Erde und Unterwelt). „Numero deus impare gaudet" (Die ungerade Zahl erfreut die Gottheit) wusste schon der römische Dichter Vergil (70–19 v. Chr.). „Good things come in threes" (Gute Dinge kommen zu dritt) sagen die Briten, aber sie sagen dasselbe auch über schlechte Dinge: „Three things are unsatiable, priests, monks, and the sea" (Drei Dinge sind unersättlich, Priester, Mönche und das Meer). Der Fairness halber sollte erwähnt werden, dass dieses Sprichwort aus dem 16. Jahrhundert stammt, als in England ein heftiger Glaubenskrieg tobte. „Third time lucky" (Glück beim dritten Mal) unterstreicht die magische Bedeutung, die der Drei zugeschrieben wird. Auch die Franzosen glauben an diese Magie: „Jamais deux sans trois" (Niemals zwei ohne drei). Hier können die Italiener – „Non c'è due senza tre" – und die Spanier – „No hay dos sin tres" (beide: Es gibt nicht zwei ohne drei) – nur zustimmen.

An seinen Früchten erkennt man den Baum

Schein und Sein

„An ihren Früchten, den Taten, und nicht an den Worten, den süßen, sollten sie die falschen Propheten erkennen“, so die Warnung Jesu gegen Ende der Bergpredigt (Matthäus 7,16). Damit zielte er auf den Unterschied zwischen verlockenden Versprechungen und den diesen widersprechenden Taten, den es bis heute zu beachten gilt. Wie viele biblische Bilder ist auch dieses in vielen europäischen Redewendungen fast wörtlich erhalten: „Dal frutto conosce l’albero“ sagt man in Italien, „C’est au fruit que l’on connaît l’arbre“ in Frankreich, „Por el fruto se conoce el árbol“ in Spanien, „A tree is known by its fruit“ in England (alle: Man erkennt den Baum an seinen Früchten). Aber auch die Vögel werden zur Erkenntnis der Wirklichkeit hinzugezogen, allerdings unter Verlust des trügerischen, falschen Scheins im biblischen Zitat: „Wídno ptízu po poljótu“ (Der Vogel ist am Flug zu erkennen) sagt man in Russland, die Franzosen halten es mit der akustischen Identifizierung: „L’oiseau l’on connaît au chanter“ (Den Vogel erkennt man am Singen).

Auf Regen folgt Sonne

Alltag

Irgendwann jedenfalls – aber dafür mit absoluter Gewissheit, denn hier handelt es sich um ein universales Axiom der Meteorologie, das sich zudem auch noch umkehren lässt. Insofern ist der interkulturelle Gebrauch dieses Sprichworts nicht erstaunlich: „Après la pluie, le beau temps" (Nach dem Regen schönes Wetter) sagt man in Frankreich, und auch in England hofft man „After black clouds, clear weather" (Nach schwarzen Wolken schönes Wetter). Allerdings gibt es hier auch einen anderen Aspekt des Wetterwechsels, den die (ansonsten arbeitsamen) englischen Seeleute in einem Sprichwort festgehalten haben: „More rain, more rest, fine weather's not always the best" (Mehr Regen, mehr Muße, schönes Wetter ist nicht immer am besten). Im sonnigen Italien, wo der Regen eher aus landwirtschaftlicher Perspektive und daher als segensreich betrachtet wird, muss der Schnee, dessen Begleiter Frost für Zypressen und Olivenbäume Gefahr bedeutet, herhalten: „Dopo la neve, buon tempo viene" (Nach dem Schnee folgt schönes Wetter). Dennoch ist es der starke Regenfall, der die Fantasie der Völker besonders beflügelt – in Schweden steht der Regen „in Ruten auf dem Boden" (Regnet står som spön i backen) und in Italien regnet es „wie mit Seilen" (piove come le funi), wogegen die deutschen „Bindfäden" (die es regnet) sich geradezu mickrig ausnehmen, aber dafür regnet es bei uns auch schon einmal „Schusterjungen" (ein Berliner Gebäck). Die Redewendung „Wenn es junge Hunde regnet" zielt dagegen auf die Unmöglichkeit dieses Phänomens ab, z. B., dass ein Gartenfest stattfindet, auch wenn es junge Hunde regnet (d. h. bei jedem Wetter). In England hingegen regnet es öfter „Katzen und Hunde" (It's raining cats and dogs) – welch ein schönes Bild!

Aus den Augen, aus dem Sinn

Menschen und Menschliches

Dieses Sprichwort bezeichnet das Nachlassen sozialer Bindungen durch räumliche Trennung. Die deutsche Fassung dieses ursprünglich vom römischen Dichter Propertius (um 50 v. Chr. bis 15 n. Chr.) geschriebenen Wortes „Quantum oculis animo tam procul ibit amor" (Wie aus den Augen wird die Liebe aus der Seele in die Ferne gehen) folgt eher der (mittel)englischen Form aus dem 13. Jahrhundert „Out of sight, out of mind" (Aus der Sicht, aus dem Geist/Verstand), die in gewohnt lakonischer Prägnanz daherkommt. Dagegen konnten viele andere Versionen das Herz als Topos der Liebe nicht ignorieren: So heißt es in Frankreich „Loin des yeux, loin du cœur" (Fern den Augen, fern dem Herzen), in Italien „Lontano dagli occhi, lontano dal cuore" (Entfernt von den Augen, entfernt vom Herzen), in Spanien „Ojos que no ven, corazón que no siente" (Augen, die nicht sehen, Herz, das nicht empfindet) und in Russland „S glaz doloi, iz serdtsa von" (Aus den Augen, aus dem Herzen). Die Abwesenheit des geliebten Menschen ist eine ebenso schmerzvolle wie süße Vorstellung, die die Dichter überall auf der Welt inspiriert hat. Geradezu philosophisch ist das japanische Sprichwort „Der Abwesende entfernt sich jeden Tag mehr", denn hier „überholt" die innere Distanz die räumliche Entfernung durch das Andauern der Trennung. Allerdings ist auch räumliche Nähe kein Garant für Liebe oder Wertschätzung, wie uns ein chinesisches Sprichwort lehren will: „Die Herzen, die sich am nächsten sind, sind nicht diejenigen, die sich berühren." Dagegen zeigt ein persisches Wort, wenn auch in bitterer Alternative, den positiven Aspekt von Trennung auf: „Wenn du Wertschätzung suchst – stirb oder verreise." Kaum weniger zynisch haben die Oromo in Ostafrika eine Weisheit formuliert: „Wenn du Schuld auf dich laden willst, heirate, wenn du Ruhm erlangen willst, stirb."

Besser den Spatz in der Hand als die Taube auf dem Dach

Dummheit und Klugheit

Dies könnte ein warnendes Sprichwort für die risikofreudigen Finanzspekulanten sein – obwohl es immer wieder genügend Käufer für die flüchtigen Tauben oder „geträumten Schweine“ (s. u.) gibt. Aber da Tauben in früheren Zeiten eher ein Nahrungsmittel waren, ist eine andere Version wohl näher am Ursprung dieses Rates: „Lieber eine Scheibe Schinken in der Hand als ein fettes Schwein im Traum.“ Ähnlich pragmatisch sieht man das auch in Polen: „Wolę kiełbasę w ręku, jak szynki w mięsnym“ (Lieber die Wurst in der Hand als den Schinken beim Metzger). In Italien gilt: „Meglio un uovo oggi che una gallina domani“ (Lieber heute ein Ei als morgen eine Henne). Der Bezug auf den Vogel kommt bei den Engländern wieder ins Spiel: „A bird in the hand is worth two in the bush“ (Ein Vogel in der Hand ist so viel wert wie zwei im Gebüsch). Das sieht man auch in Spanien so: „Más vale pajaro en mano que cientos volando“ (Der Vogel in der Hand ist mehr wert als hundert fliegende). In China sind die Prioritäten pragmatisch motiviert: „Ein Vogel in der Suppe ist besser als ein Adlernest in der Wüste.“ In Russland stehen – wie bei uns – wieder zwei verschiedene Vogelarten gegeneinander: „Lutsche sinitsa vruke, tschem zuravl v nebe“ (Lieber die Meise in der Hand als den Kranich am Himmel). Hier scheint der Kranich das Wunschdenken zu versinnbildlichen im Gegensatz zu der scheinbar wertloseren (und doch ungleich nützlicheren) Meise. Das scheint auch für die Differenz zwischen Meise und Nachtigall zuzutreffen: „Sinitsa v rukah, lutsche solovja v lesu“ (Die Meise in der Hand ist besser als die Nachtigall im Wald). Singe, wem Gesang gegeben!

Dem geschenkten Gaul schaut man nicht ins Maul

Geld und Geschäft

Das tut man deshalb nicht, weil bei Pferden am Zustand der Zähne Alter und Krankheit zu erkennen sind und es zudem als unhöflich gilt, an Geschenken herumzumäkeln – das wusste man auch schon im alten Rom, wo der Spruch „Equi donati dentes non inspiciuntur" (Bei geschenkten Pferden werden Zähne nicht inspiziert) bekannt war. Diese Botschaften sind ebenfalls in Frankreich – „À cheval donné on ne regarde pas la bouche" (Bei einem geschenkten Pferd schaut man nicht das Maul an) –, in England – „Never look a gift horse in the mouth" (Schau nie einem geschenkten Pferd ins Maul) – und in Italien – „A caval donato non si guarda in bocca" (Dem geschenkten Pferd schaut man nicht ins Maul) – bekannt. Dagegen fehlt der o. a. zweite Bedeutungsaspekt in der russischen Version – hier geht es um guten Rat beim Pferdekauf: „Ne smotrja zubov vo rtu, loschadi ne pokupajut" (Ohne das Gebiss zu prüfen, soll man kein Pferd kaufen). Interessant ist auch die spanische Variante, da hier „geschenkt" und „billig" in einem Adjektiv denotiert sind: „A caballo regalado no se le miran los dientes" (Beim geschenkten/billigen Pferd schaut man nicht die Zähne an). Warum nicht? Die Enttäuschung nach dem Blick ins Maul könnte beim Beschenkten wie beim (vermeintlich) billig Einkaufenden groß sein.

Den Freund erkennt man in der Not

Freund und Feind / Glück und Unglück

Eine schöne – weil binnenreimende – Version ist die englische: „A friend in need is a friend indeed“ (Ein Freund in der Not ist in der Tat ein Freund). Ebenfalls bemerkenswert ist die Bedeutungsambivalenz des englischen „(in)deed“, die im Deutschen „in der Tat“ perfekt wiederholt wird. „Al bisogno si conosce l'amico“ (In der Not erkennt man den Freund) sagt man in Italien und wörtlich dasselbe in Frankreich: „Au besoin on connaît l'ami.“ Die Russen sehen dies genauso: „Bez bedi druga ne uznajesch“ (Erst in der Not erkennst du den Freund). Die Spanier halten offensichtlich Freundschaftsdienste in Zeiten der Gefahr für wichtiger als in Zeiten der Not – daher sagen sie: „En el peligro se conoce al amigo“ (In der Gefahr erkennt man den Freund). Dazu passt die klimatisch eher unerwartete spanische Mahnung, dass „man den wahren Freund erst erkennt, wenn das Eis bricht“ (Notarás quien es tu verdadero amigo quando se quiebra el hielo). Ein schönes Bild für die Freundschaft verwenden die Chinesen in dem Sprichwort „Eine gute Quelle erkennt man in der Trockenzeit und einen guten Freund im Unglück“ – wie das Wasser ist auch zuverlässige Freundschaft lebenswichtig. Auch die Maori, die Ureinwohner Neuseelands, haben so ihre Erfahrungen mit Freunden gemacht: „Bei der Ernte sind Freunde gern bei dir, aber im Sommer verschwinden sie.“

Den Letzten beißen die Hunde

Glück und Unglück

Es zeigt sich im Vergleich mit anderen sprachlichen Versionen, dass z. B. die Bisse der spanischen Hunde – „Al último siempre le muerde el perro“ (Den Letzten beißt immer der Hund) – und auch der polnischen – „Bo ostatnich gryza; psy“ (Den Letzten beißen die Hunde) – vielleicht ein am ehesten gnädiges Schicksal für den Letzten sind. In Frankreich ist es nämlich „der Wolf, der den Letzten frisst“ (Le dernier le loup le mange). In England gibt es einen noch schlimmeren Jäger, der es auf den Letzten abgesehen hat: „The devil take the hindmost“ (Der Teufel soll den Letzten holen). Was nur ist aus der Redewendung des Horaz (65–8 v. Chr.) geworden: „Occupet extremum scabies“ (Soll die Krätze den Letzten holen). „All'ultimo tocca il peggio“ (Der Letzte ist am schlechtesten dran) – in Italien klingt das schon deutlich abgemildert. Ähnlich sehen es auch die Russen: „Ostalih bjut“ (Die Letzten kriegen es ab) – da ist auch der Plural ein wenig tröstlich. Bei den Yoruba aus Westafrika wird das Sprichwort ins Jagdgeschehen integriert, ein immerhin zivilisierter Kontext, fern von Krätze und Teufel: „Das letzte Rebhuhn, das auffliegt, erhält den Schlag.“ Na dann: Guten Appetit!

Der Apfel fällt nicht weit vom Stamm

Kinder und Familie

Dass Charakterzüge und Eigenschaften der Eltern – insbesondere, wie im Patriarchat üblich, die der Väter – sich oft bei ihren Kindern wiederholen, ist ein vertrautes Phänomen. Im antiken Rom galt: „Qualis pater, talis filius“ (Wie der Vater, so der Sohn). Diese Einsicht wurde unverändert in viele europäische Sprachen übernommen: „Like father like son“ (englisch), „Tel père tel fils“ (französisch), „Tal padre tal hijo“ (spanisch), „Come è il padre, tale è il figlio“ (italienisch). Das englische Mutter-Tochter-Pendant „Like mother like daughter“ (Wie die Mutter, so die Tochter) hat biblische Tradition (Ezechiel 16,44). Die russische Vater-Sohn-Version ist etwas ausführlicher: „Kakovo derevo, takov i klin, kakov bat'ka, takov i sin“ (Wie das Holz, so der Keil, wie der Vater, so der Sohn); daneben gibt es aber auch „Jablochko ot jablonjki nedaleko padajet“ (Der Apfel fällt nicht weit vom Stamm). Doch auch die weibliche Abstammung des „Apfels“ blieb nicht ungerühmt, so erkennt laut Vergil (70–19 v. Chr.) der Knabe seine Mutter an ihrem Lächeln: „Incipe, parve puer, risu cognoscere matrem“ (Erkenne, kleiner Knabe, deine Mutter an ihrem Lächeln). Doch zumeist war es das Vater-Sohn-Verhältnis, das gepriesen wurde. Schon die hebräische *Bibel* jubelte über den Sohn: „Der Duft meines Sohnes ist wie der Duft eines Feldes, das von Jahwe gesegnet ist“ (1. Buch Mose, 27,27). Ein altes chinesisches Sprichwort weiß: „Jeder Vater anerkennt immer seinen Sohn als seinen Sohn, ob er Talent hat oder nicht.“ Der Grieche Menandros (342–291 v. Chr.) war überzeugt, dass „es nichts Schöneres zu hören gibt als die Worte eines Vaters, der seinen Sohn preist“. Noch 2 000 Jahre später sollte sich Abbé Prévost (1697–1763) zu der Behauptung versteigen: „Un cœur de père est le chef-d'œuvre de la nature“ (Ein Vaterherz ist das Meisterwerk der Natur). Doch auch hierzu gibt es eine weibliche Sicht: „Le chef-d'œuvre de Dieu, c'est le cœur d'une mère“ (Das Meisterwerk Gottes ist das Herz einer Mutter).

Der Krug geht so lange zum Brunnen, bis er bricht

Dummheit und Klugheit

Der Glaube, dass übles oder ungerechtes Handeln letztendlich bestraft wird, ist ein Fels christlicher Moralvorstellungen in der Brandung der Lebenswirklichkeit. Diese Botschaft gilt es festzuhalten, findet sowohl der Franzose – „Tant va la cruche à l'eau qu'à la fin elle se brise" (So lange geht der Krug zum Wasser, bis er am Ende zerbricht) – als auch der Engländer – „The pitcher goes so often to the well, but is broken at last" (Der Krug geht so oft zur Quelle, aber am Ende zerbricht er). Die Italiener weichen auf das Tierreich aus: „Tanto va la gatta al lardo che ci lascia lo zampino" (Die Katze geht so oft zum Speck, bis sie das Pfötchen dort lässt), aber auch der zerbrochene Krug findet seine Erwähnung: „Tanto va la brocca al fonte, finchè alla fine non si rompe" (Der Krug geht so oft zum Brunnen, solange er nicht bricht); diese Übersetzung gilt auch für das spanische „Tanto va el cántaro a la fuente que al final se rompe" und das türkische „Su testısı su yolunda kırılır". Ein bedeutungsverwandtes spanisches Sprichwort zielt auf andere Folgen menschlicher Unersättlichkeit: „La codicia rompe el saco" (Die Habgier zerreißt den Sack) – aber irgendetwas geht immer dabei kaputt.

Der Mensch denkt, Gott lenkt

Glaube, Gott und Religion

Für dieses Sprichwort gibt es sowohl antike als auch biblische Vorbilder. In Homers *Ilias* (8. Jh. v. Chr.) heißt es: „Aber der Mensch entwirft, und Zeus vollendet es anders." In der *Bibel* steht: „Das Herz des Menschen denkt sich einen Weg, aber es ist Sache des Herrn, seine Schritt zu lenken" (Sprüche Salomons, 16,9). Die Verbindung zu den neuzeitlichen Versionen ist das mittellateinische „Homo proponit, sed deus disponit" (Der Mensch schlägt vor, aber Gott ordnet). Dem folgt die englische Sprache etymologisch wie semantisch erkennbar eng: „Man proposes, God disposes." Auch die romanischen Sprachen folgen der mittellateinischen Vorlage wörtlich. So heißt es im Spanischen „El hombre propone y Dios dispone", im Italienischen „L'uomo propone e Dio dispone" und im Französischen „L'homme propone et Dieu dispone". Deutlicher im Hinblick auf die Rolle des Menschen ist ein ähnliches Sprichwort der Franzosen: „L'homme s'agite, mais Dieu le mène" (Der Mensch handelt/regt sich auf, aber Gott leitet/begleitet ihn). Auch in Russland ist das Gottvertrauen sprichwörtlich: „Tschelovek predpolagajet, a bog raspolagajet" (Der Mensch denkt, Gott lenkt).

Der Prophet gilt nichts im eigenen Land

Dummheit und Klugheit / Eigenes und Fremdes

Dieses oft Goethe zugeschriebene Sprichwort entstammt der *Bibel* (Matthäus 13,57; Markus 6,4) in der Form: „Der Prophet gilt nirgends weniger als in seinem Vaterland und in seinem Haus." Eine lateinische Version unbekannter Provenienz lautet: „Nemo propheta in patria" (Niemand ist Prophet in seinem eigenen Vaterland). Eine ältere Vorlage wird in einem babylonischen Sprichwort vermutet, in dem das Gefälle zwischen Anerkennung und Nichtanerkennung noch deutlicher ist: „Der Vagabund wird König außerhalb seiner Stadt." Ein arabisches Sprichwort verwendet das Bild vom ungehobenen Goldschatz: „In seinem Geburtsland ist der Weise wie Gold in einer Mine", während in China die positive Bewertung des Fremden und Abwertung des Eigenen im Vordergrund steht: „Der Priester aus einem fernen Land gestaltet das Ritual besser." Lakonisch kommentiert ein altes französisches Sprichwort des 15. Jahrhunderts die Hierarchisierung von Eigenem und Fremdem: „Le saint de la ville ne fait pas de miracles" (Der Stadtheilige lässt keine Wunder geschehen). Daneben gibt es aber auch eine „klassische" Version: „Nul n'est prophète dans son pays et dans sa maison" (Niemand ist Prophet in seinem Land und in seinem Haus); so auch in Italien – „Nessuno è profeta in patria" –, in Spanien – „Nadie es profeta en su tierra" – und in Russland – „Net proroka v svojem otetchestve" (alle: Niemand ist Prophet in seinem Vaterland / seinem eigenen Land). In England wird die ehrenvolle öffentliche Anerkennung der Weisen betont: „A prophet is not without honour save in his own country" (Ein Prophet ist nicht ohne Ehre – außer in seinem eigenen Land). Anzumerken ist hier, dass es sich bei der Formulierung „nicht ohne Ehre" um eine typisch englische Untertreibung („understatement") handelt – gemeint ist die sehr ehrenvolle Behandlung der Weisen.

Der Zweck heiligt die Mittel

Recht und Ordnung

In seiner lateinischen Form „Finis sanctificat media“ wurde dieses Sprichwort als moralisches Prinzip den Jesuiten zugeschrieben, was diese heftig zurückwiesen; ihr Ruf als streitbarer und machtbewusster Orden war prekär genug. Glaubhafter als Quelle ist Publilius Syrus (1. Jh. v. Chr.), der schrieb: „Honesta turpitudo est pro causa bona“ (Eine schändliche Handlung ist ehrenvoll für eine gute Sache). Als bekanntester Vertreter der radikal pragmatischen Maxime kann Niccolò Macchiavelli (1469–1527) gelten, dessen Hauptwerk *Il principe* (deutsch *Der Fürst*) diesen Grundsatz zum Leitprinzip allen politischen Handelns macht. Als personenbezogenes „Cui licitus est finis, etiam licent media“ (Wem der Zweck erlaubt ist, dem sind auch die Mittel erlaubt) gelangte es ins Mittellateinische und mithilfe Macchiavellis in die neuzeitliche Ethik – wo es bis heute präsent ist, sei es in Diskussionen über Gentechnologie, Folterung oder den „gerechten Krieg“. Die jeweiligen nationalsprachlichen Formen sind wie die deutsche Fassung wörtliche Übersetzungen und rhetorisch schlicht: „Il fine giustifica i mezzi“ (italienisch), „La fin justifie les moyens“ (französisch), „El fin justifica los medios“ (spanisch), „The end justifies the means“ (englisch), „Gayeler araçlari yasal kilar“ (türkisch).

Die dümmsten Bauern haben die dicksten Kartoffeln

Dummheit und Klugheit / Glück und Unglück

Dieses (ursprünglich) deutlich die Landbevölkerung diskriminierende Sprichwort wird heute gebraucht, um Neid und Unverständnis bei der Kommentierung von vermeintlich unverdientem Glück zu tarnen – Fortuna lächelt an, wen sie will. „La fortune rit aux sots" (Das Glück lacht die Dummköpfe an) sagen daher die Franzosen und weisen damit auf die Grenzen des menschlichen Bemühens um Erfolg hin. Das wusste auch die Antike, denn schon der griechische Philosoph Theophrast (etwa 371–287 v. Chr.) stellte entmutigt fest, dass „es das Glück und nicht die Weisheit ist, die das Leben bestimmt" (Vitam regit fortuna non sapientia). Nimmt man dazu ein dem römischen Schriftsteller Cicero (106–43 v. Chr.) zugeschriebenes Wort, dem zufolge „das Glück blind ist" (Fortuna caeca est), dann kann man die Stoiker gut verstehen. So ähnlich beschreibt es auch ein (reimendes) spanisches Sprichwort, dem zufolge das Glück gleichgültig auswählt: „La fortuna es ciega y non sabe con quién juega" (Das Glück ist blind und weiß nicht, zu wem es passt). „La fortuna aiuta i matti e i fanciulli" (Das Glück hilft Narren und Kindern) – auch im Italienischen ist der Neid gut versteckt. Die Alliteration der englischen Version macht die Botschaft zwar einprägsamer – „Fortune favours fools" (Das Glück begünstigt die Narren) –, aber nicht richtiger, denn zur Korrektur dieser in England viel beklagten pädagogischen Irrlehre wird immer sofort aus Vergils (70–19 v. Chr.) Heldenepos *Aeneis* zitiert, wo gilt: „Audentes fortuna iuvat" (Fortuna hilft den Mutigen). Auch in Norwegen hat man diesbezüglich Erfahrungen gemacht: „Das Glück und die Frauen mögen Narren am liebsten." Ein Stück russischer Realismus zum Schluss: „Durakam tol'ko v skazkah vezot" (Nur im Märchen ist der Dummkopf ein Glückspilz). Aber Märchen können wahr werden!

Die Kutte macht keinen Mönch

Schein und Sein

Über die Wirkung der äußeren Erscheinung wird immer wieder ausgiebig geschrieben – vom verkleideten Wolf im Märchen *Rotkäppchen* (1812) bis zum Hauptmann von Köpenick und seinem Bluff; das Wort Hochstapelei trifft es natürlich auch. Unsere Zeit legt besonders großen Wert auf Äußeres: Schicke bzw. gepflegte Kleidung soll im Berufsleben den Eindruck von Professionalität und Kompetenz vermitteln, bei festlichen Anlässen gilt sie als Symbol der Inklusion, des Dazugehörens. Aber – man kann sich täuschen: „Barba non facit philosophum, neque vile gerere pallium" (Ein Bart macht keinen Philosophen, und einen schäbigen Umhang zu tragen auch nicht) lautet ein Plutarch (ca. 45–125 n. Chr.) zugeschriebenes Sprichwort. Auch die Mönchskutte hat eine (mittel)lateinische Würdigung, deren deutsche Übersetzung diesen Bemerkungen vorangeht (s. o.): „Cucullus non facit monachum." Dass die englische Fassung „The cowl does not make the monk" (Die Kutte/Kapuze macht nicht den Mönch) bereits im 14. Jahrhundert nachgewiesen wurde, ergibt insofern Sinn, als zu dieser Zeit das Bild des weltabgewandten, asketischen Mönchs erschüttert wurde durch Geschichten von sinnenfrohen und weltlichen Freuden zugewandten Mönchen – eine von mehreren Entwicklungen im kirchlichen Leben, die zur Reformation führten. „L'habit ne fait pas le moine" (französisch) klingt überzeugend, aber „L'abito non fa il monaco" (italienisch) (beide: Das Gewand macht keinen Mönch) macht uns den Mönch suspekt – was hat er mit Monaco zu schaffen – Spielbank? Ferrari? Es ist der falsche Schein, hier wie dort, denn – so ein weiteres bekanntes Sprichwort – „Der Schein trügt" und „Appearances are deceitful" (Der äußere Anschein ist trügerisch).

Die Zeit heilt alle Wunden

Lebenskunst / Zeit

Hier wird eine Lebensweisheit mit dem Bild von Krankheit/Verletzung und Heilung vermittelt, eine ebenso oft erfahrene wie tröstliche Botschaft, anwendbar bei Verlust, Enttäuschung, Trauer und Liebeskummer. Die russische Version ist pragmatischer: „Wremja lutschij lekar“ (Zeit ist der beste Doktor). „Time cures all things“ (Die Zeit heilt alles) und „Time is a great healer“ (Die Zeit ist ein großer Heiler) sagt man im englischsprachigen Raum, wobei das „Heilen“ im Englischen auch deutlich die seelische Gesundung mit einschließt. Auch die italienische Version „Il tempo sana ogni cosa“ (Die Zeit heilt alle Dinge) betont den Aspekt der Heilung. Der jüdische Gelehrte Philon von Alexandria (um 15 v. Chr. bis 40 n. Chr.) nannte die Zeit „den Arzt der Seele“, was die Franzosen in ihrem Sprichwort „Le temps est le médecin de l'âme“ bewahrt haben. Der französische Dramatiker Pierre Corneille (1606–1684) wird zitiert mit dem Sprichwort: „Le temps guérit les douleurs et les querelles“ (Die Zeit heilt die Schmerzen und den Streit). Sehr viel negativer hat Ovid (43 v. Chr. bis 17 n. Chr.) die Zeit in seinen *Metamorphosen* beschrieben: „Tempus edax rerum“ (Die Zeit verschlingt alle Dinge). Ein arabisches Sprichwort verweist auf die Unentrinnbarkeit der Zeit für den Menschen, sei er auch noch so bedeutend: „Die Zeit wird der Herr dessen sein, der keinen Herrn hat.“ Damit wird die Endlichkeit der Zeit (für uns Menschen) betont, die den Tod bedeutet, die Herr auch über die Herren dieser Welt ist.

Eile mit Weile

Lebenskunst / Zeit

Es scheint sich hier um einen Widerspruch zu handeln, der die Parömiologen (Sprichwortforscher) zumindest seit Erasmus beschäftigt hat: Wie eilt man und verweilt zugleich? Das lateinische „Festina lente“ (Eile langsam) klingt ebenfalls gut, so war es der Leitspruch römischer Kaiser, erschien auf Münzen unter Kaiser Vespasian und hatte verschiedene bildliche Darstellungen. „All things come to those who wait“ (Alle Dinge kommen zu denen, die warten) – so übersetzte man in England das französische „Tout vient à celui qui sait attendre“ (Alles kommt zu dem, der warten kann). In seinem Essay *Of Dispatch* (deutsch *Über die Beschleunigung von Geschäften*) schrieb der englische Philosoph und Politiker Francis Bacon (1561–1626): „Stay a little, that we may make an end the sooner“ (Verweile ein wenig, damit wir umso schneller zum Ziel kommen); auch hier ist der scheinbare Widerspruch deutlich gemacht. „Chi va piano, va sano e va lontano“ (Wer langsam geht, geht wohlbehalten und weit) – die Italiener benutzen das Bild des Wanderers, der langsam, aber stetig einen weiteren Weg zurücklegt als der Eilige – jeder Bergwanderer weiß, wie wahr das ist. Ein zweites italienisches Sprichwort wiederholt den Widerspruch des „Festina lente“: „Chi ha fretta vada adagio“ (Wer es eilig hat, gehe langsam). „Pospeschaj, da ne toropis“ (Beeil dich, aber eile nicht zu sehr) sagt man in Russland. In Spanien wird die unziemliche Eile mit dem Verweis auf den natürlichen Tagesablauf abgebremst: „No por mucho madrugar amanece más temprano“ (Auch wenn man früher aufsteht, kommt das Morgengrauen nicht schneller).

Eine Hand wäscht die andere

Geld und Geschäft

Schon Platon (429–347 v. Chr.) zitiert in einem seiner *Dialoge* dieses Sprichwort; seine lateinische Form „Manus manum lavat" geht auf den römischen Philosophen und Dichter Seneca (4 v. Chr. bis 65 n. Chr.) zurück. Die *Bibel* ist bei diesem Bild zurückhaltend, eventuell wegen des Verhaltens des römischen Statthalters Pontius Pilatus anlässlich des Todesurteils über Jesus, als er seine Hände wusch und damit seine „Unschuld am Blute dieser Person" zeigte (Matthäus 27,24). Am nächsten kommt der Botschaft von gegenseitiger Hilfe ein Zitat aus dem Galaterbrief von Paulus (6,2): „Ein jeder trage des anderen Last." Dieser Gedanke findet sich auch in der Fabel Jean de La Fontaines (1621–1695) *Der Esel und der Hund*, wo es heißt: „Il se faut entraider: c'est la loi de nature" (Man muss sich gegenseitig helfen; das ist das Gesetz der Natur). Die englische Fassung fügt dem Aspekt gegenseitiger Hilfe einen weiteren an: „One hand washes the other, and both the face" (Eine Hand wäscht die andere und beide das Gesicht) – beide Hände „kooperieren" bei der „höheren" Aufgabe, das Gesicht zu waschen. Diese Erweiterung findet sich sowohl im italienischen „Una mano lava l'altra, e ambedue lavano il visio" als auch im spanischen „Una mano lava a la otra, y las dos lavan la cara" (beide: Eine Hand wäscht die andere, und beide/die beiden waschen das Gesicht). Heute wird das Sprichwort meistens im Zusammenhang mit anrüchigen Gefallen oder Geschäften gebraucht, ähnlich wie im Englischen das etwas vulgäre „I scratch your back, you scratch mine" (Ich kratze deinen Rücken, du meinen). Noch deutlicher formuliert man den kriminellen Aspekt im Russischen: „Ruka ruku moet, wor wora kroet" (Eine Hand wäscht die andere, ein Dieb deckt den anderen).

Eine Krähe hackt der anderen kein Auge aus

Ehre und Ansehen

Die hier angeführte Kategorie der Ehre ist mit Anführungszeichen zu versehen – gemeint ist eher die Solidarität unter Gaunern und Kriminellen, auch Ganovenehre genannt; das wird deutlich im englischen Sprichwort: „There is honour among thieves“ (Auch unter Dieben gibt es Ehre). Zugrunde liegt diese dem römischen Schriftsteller Cicero (106–43 v. Chr.) zugeschriebene Sentenz: „Cum igitur tanta vis iustitiae sit, ut ea etiam latronum opes firmet atque augeat“ (Es sei also die Kraft der Gerechtigkeit so stark, dass sie auch die Taten der Räuber bestärken und vermehren soll). Kein Wunder, dass man bald diese Art von Ehre in der Beißhemmung von Hunden (oder Wölfen) untereinander wiederfand: Im Englischen heißt es „Dog does not eat dog“, im Italienischen „Cane non mangia cane“ und im Französischen „Les chiens ne se mangent pas entre eux“ (alle: Hunde fressen einander nicht). Aus dem wilden 17. Jahrhundert stammt diese französische Version: „Corsaire à corsaire – l'un l'autre s'attaquant ne font pas leurs affaires“ (Korsar gegen Korsar – wenn einer den anderen angreift, macht keiner ein Geschäft). Krähen scheinen außer uns Deutschen (s. o.) auch die Russen beeindruckt zu haben – sie gelten als sehr kluge Vögel, auch wenn oder gerade weil sie diebisch sind: „Voron voronu glas ne vikljunet“ (Eine Krähe hackt der anderen kein Auge aus). Ansonsten gilt aber auch hier: „Ruka ruku moet, wor wora kroet“ (Eine Hand wäscht die andere, ein Dieb deckt den anderen). In Frankreich sind es dagegen die (für noch klüger gehaltenen) Raben, denen in einem hübschen Reim Solidarität zugeschrieben wird: „Les corbeaux entre eux ne se crèvent pas les yeux“ (Die Raben untereinander kratzen sich nicht die Augen aus).

Eine Schwalbe macht noch keinen Sommer

Regel und Ausnahme

Das Sprichwort geht auf eine Fabel des griechischen Dichters Aesop (um 600 v. Chr.) zurück, auf den sich der Philosoph Aristoteles (384–322 v. Chr.) in seiner *Nikomachischen Ethik* bezieht. Die nationalsprachlichen Übersetzungen verraten ein wenig über die klimatischen Verhältnisse der jeweiligen Länder: In Deutschland (s. o.), Schweden – „En svala gör ingen sommar“ –, England – „One swallow does not make a summer“ – und Russland – „Pervaja lastotschka esche ne wesna“ (alle: Eine/Die erste Schwalbe macht noch keinen Sommer) – kündigt die Rückkehr der Schwalben den Sommer an. In Frankreich – „Une hirondelle ne fait pas le printemps“ – und Italien – „Una rondine non fa primavera“ (beide: Eine Schwalbe macht noch keinen Frühling) – sind die Schwalben aus Mittel- und Südafrika dagegen Frühlingsboten. Das sollte im afrikanahen Spanien dann eigentlich auch so sein, aber hier gibt es beide Sprichwörter: „Una golondrina no hace primavera/verano“ (Eine Schwalbe macht keinen Frühling/Sommer). Keine Regel ohne Ausnahme, könnte man das lakonisch kommentieren und hätte damit sowohl den Kern des Schwalben-Sprichworts getroffen, wie die spanischen (regionalen?) Optionen zeigen. Eine hübsche Erweiterung des Sprichworts für den Heiratsmarkt findet sich in einem frühen englischen Roman (Thomas Deloney: *Jack of Newbury*, 1597): „One swallow makes not a summer nor one meeting a marriage“ (Eine Schwalbe macht keinen Sommer und ein Treffen noch keine Heirat).

Ein guter Name ist besser als Geld

Ehre und Ansehen

In diesem Sprichwort stehen gesellschaftliches Ansehen und Ehre gegen das Geld, von dem ja Karl Marx (1818–1883) behauptete, dass es alle sozialen Beziehungen bestimmen bzw. diese zerstören würde. Dennoch sagte man in England, dem Geburtsland des (industriellen) Kapitalismus: „A good name is better than riches" (Ein guter Name ist besser als Reichtum), ein Diktum, das zum einen als Trost für die Werktätigen gemeint sein könnte, zum anderen als Verteidigung der Werte der „alten Gesellschaft" gegen das „neue Geld" der Industriebarone. Denn im Gegensatz zu Verlust an Geld gilt: „Reputation is a jewel whose loss cannot be repaired" (Ansehen ist ein Juwel, dessen Verlust nicht ersetzt werden kann). Da war man sich mit der *Bibel* einig, die im *Buch der Sprichwörter* mahnte: „Der gute Ruf ist mehr wert als großer Reichtum, und das Ansehen hat einen höheren Preis als Geld oder Gold." In Frankreich galt seit dem 17. Jahrhundert: „Bonne renommée vaut mieux que ceinture dorée" (Ein guter Ruf ist mehr wert als ein vergoldeter Gürtel). Letzterer galt als Ausdruck höchster Anerkennung. In Italien, wo immerhin das Bankgeschäft erfunden wurde, war man realistisch: „La buona fama vale oro" (Der gute Ruf ist Goldes wert). Und ein geläufiges Sprichwort in Spanien versichert: „Más vale buena fama que cama dorada" (Guter Ruf ist mehr wert als ein vergoldetes Bett). Dagegen lässt der spanische Autor Miguel Cervantes in seinem *Don Quijote* (1615) einen jungen Schriftsteller sagen: „Provecho quiero que sin él no vale un cuartrin la buena fama" (Nutzen möchte ich, denn ohne ihn ist das Ansehen kein Almosen wert). Ein besonderes Ansehen genießen überall in der Welt die Priester, denen Reichtum und Geld nichts bedeuten (sollten); so auch die hinduistischen Schriftgelehrten: „Der Brahmane mit großem Ansehen benötigt keine heilige Kette."

Ein gutes Gewissen ist ein sanftes Ruhekissen

Ehre und Ansehen

Schon im klassischen Altertum galt das Gewissen als die Stimme Gottes, so sagt es auch Menandros (342–291 v. Chr.) in einem seiner berühmten Einzeiler: „Das Gewissen ist die Stimme Gottes selbst in uns.“ Etwas aufgeklärter war offenbar schon die antike chinesische Philosophie, denn Konfuzius (etwa 551–479 v. Chr.) beschreibt das Gewissen so: „Das Gewissen ist das Licht der Vernunft zur Unterscheidung von Gut und Böse.“ Die europäische Neuzeit, geprägt durch ein immer selbstbewusster und selbstzufriedener werdendes Bürgertum, sah das etwas gelassener: „Une bonne conscience est un doux oreiller“ sagte man in Frankreich, „A good conscience is a soft pillow“ in England, „La mejor almohada es la consciencia sana“ in Spanien und „Una buona coscienza è un buon cuscino“ in Italien (alle: Ein gutes Gewissen ist ein sanftes Ruhekissen). Etwas vorsichtiger und weniger selbstgerecht formuliert ein russisches Sprichwort: „Dobraja sowest’ ne boitja klewet“ (Ein gutes Gewissen braucht üble Nachrede nicht zu fürchten). Wie nahe das puritanische Selbstbewusstsein der jungen amerikanischen Nation der kindlichen Einfalt kam, zeigt das Benjamin Franklin (1706–1790) zugeschriebene Sprichwort „A good conscience is continual Christmas“ (Ein gutes Gewissen ist wie andauernde Weihnacht).

Ende gut, alles gut

Lebenskunst / Zeit

Mit diesem Sprichwort lassen sich die Schwierigkeiten und Mühen eines Werks, eines Prozesses oder einer Prüfung beiseiteschieben – es zählt am Ende der Erfolg. Die Wunscherfüllungsindustrie in Hollywood hatte sich dieses Sprichwort bzw. die Version des William Shakespeare (1564–1616) „All's well that ends well" (Alles ist gut, das gut endet) jahrzehntelang als Leitmotiv auf die Fahnen bzw. das Zelluloid geschrieben – kein Film ohne „Happy Ending". Im alten Rom war diese Überzeugung bereits als „Finis coronat opus" (Das Ende krönt das Werk) bekannt, die in Spanien entsprechend übernommen wurde: „El fin corona la obra." Das deutlichere Sprichwort in mittelalterlichem Latein gestaltet sich dagegen ein wenig holprig: „Si finis bonum est, totum bonum est" (Wenn das Ende gut ist, ist das Ganze gut). Diese Fassung scheint nicht nur Shakespeare, sondern auch den Franzosen besser gefallen zu haben: „Tout est bien qui fini bien" (Alles ist gut, was gut endet); und die Italiener glauben: „Tutto è bene ciò che riesce bene" (Alles ist gut, was gut gelingt). In Russland sieht man das ähnlich: „Vsö horoscho, tchto horoscho kontchaetsa" (Alles ist gut, das gut endet).

Es ist nicht alles Gold, was glänzt

Schein und Sein

Die Warnung vor dem falschen, trügerischen Schein gehört zu den bekanntesten Sprichwörtern. Schon Platon (427–347 v. Chr.) lässt Phaidon sagen: „Der Thyrsusträger sind viele, doch echter Begeisterter wenige“ (*Phaidon,* 69) – der Thyrsusstab symbolisierte in der griechischen Antike den dionysischen Rausch. Eine Plutarch (ca. 46–120) zugeschriebene Feststellung lautet, dass „der Bart noch keinen Philosophen macht“ (Barba non facit philosophum). Etwas ausführlicher ist diese lateinische Mahnung: „Non teneas aurum totum quod splendet ut aurum“ (Halte nicht alles für Gold, was glänzt, als wäre es Gold). Die mittellateinische Version „Non omne quod nitet aurum est“ wird wahrscheinlich die Grundlage aller neuzeitlichen Übersetzungen sein, so auch die im *Kaufmann von Venedig* Shakespeares (1564–1616) zu findende: „All that glitters is not gold“ (beide: Nicht alles, was glänzt, ist Gold). Auf Französisch klingt das so: „Tout ce qui brille n'est pas d'or“, auf Spanisch: „No es todo oro lo que reluce“ und auf Italienisch: „Non è tutt'oro quel che reluce.“ Auch in Russland gibt es eine entsprechende Übersetzung: „Ne vsjo zoloto, sto blestit.“ Die gleiche Botschaft aus umgekehrter Perspektive (auch mangelnder Glanz kann täuschen!) drückt das dem russischen Alltagsleben entnommene Bild aus: „Milo sero, a mojet belo“ (Seife ist grau (!) und wäscht doch weiß). In Bantu, einer großen Sprachenfamilie in Mittel- und Südafrika, gibt es dieses etwas rätselhafte Sprichwort dazu: „Nicht jeder rote Mund ist der Mund eines Zauberers“; da die Figur des Zauberers/Schamanen in Afrika meistens als Mittler zur Geister- und Totenwelt gesehen wird, bliebe hier der rot geschminkte, weibliche Mund die erfreulichere Option.

Gebranntes Kind scheut das Feuer

Erfahrung

Warum muss ein Kind für diese schmerzhafte und gefährliche Erfahrung herhalten? Das erinnert an die grausame Erzählung *Struwwelpeter* (1845). Jeder Mensch (und auch jedes Tier) lernt aus der Erfahrung. „Wer Schiffbruch erlitten hat, zittert schon in ruhigem Gewässer" wussten schon die Römer. „Wer von einer Schlange gebissen wurde, hat Angst vor einem Seil" ist eine alte jüdische Weisheit. „Once bitten, twice shy" sagen die Engländer in gewohnt lakonischer Kürze. In den romanischen Sprachen wird das Verhalten der Tiere als stellvertretende Erfahrung genutzt: „Gato escaldado del agua fría huye" (Die mit Wasser verbrühte Katze flieht auch vor dem kalten) sagt man in Spanien, „Chat échaudé craint l'eau froid" in Frankreich (Die verbrühte Katze fürchtet das kalte Wasser). Die Italiener haben den Hund beobachtet: „Cane scottato dall'acqua calda ha paura della fredda" (Der Hund, mit heißem Wasser verbrüht, hat Angst vor dem kalten). Es scheint, als habe hier eine gängige Erfahrung in der Küche mit heißem Wasser die Lehre geprägt. In der Türkei ist es die heiße Milch, die den Lerneffekt bewirkt hat: „Sütten ağzi yanan yoğurdu üfleyerek yer" (Wer sich einmal mit heißer Milch den Mund verbrannt hat, pustet sogar auf Joghurt). In Indien lernt man vom Feuer: „Wer sich an der Glut verbrannt hat, läuft vor einem Glühwürmchen davon." Die Russen sind wie immer realistisch genug, schlechte Erfahrungen der Tiere auch im Umgang mit dem Menschen zu finden: „Bitij pes knuta boitsa" (Ein geschlagener Hund fürchtet den Stock).

Gegensätze ziehen sich an

Gleichheit und Gegensatz

Es gibt wohl kaum eine Diskussion über die Mysterien der erotisch oder sonstig motivierten Partnerwahl, in der nicht dieses Sprichwort zitiert würde, unweigerlich gefolgt von einem weiteren Zitat: (→) „Gleich und Gleich gesellt sich gern"; damit sind dann beide Aussagen hinsichtlich ihres Wahrheitsgehalts neutralisiert, ähnlich der Bauernregel, die den krähenden Hahn auf dem Mist zum Wetterpropheten macht. „Extremes meet" (Gegensätze treffen sich) sagt man im Vereinigten Königreich, „Les extrêmes se touchent" (Die Gegensätze berühren sich) in Frankreich – und das ist eine etwas andere Botschaft. Der Ursprung dieser Sprichwörter scheint ein Heraklit (von Ephesos, ca. 520–460 v. Chr.) zugeschriebener Spruch zu sein: „Gegensätze stimmen überein, und Missklang bringt die schönste Harmonie hervor." Oder wie man in Afghanistan bildhaft sagt: „Die Rose hat den Dorn als Freund." Der scheinbare Widerspruch von sich anziehenden und schließlich berührenden Gegensätzen/Extremen löst sich auf, wenn man die Denkfigur der binären Opposition heranzieht, der zufolge jede Setzung, wie z. B. Mann, laut, dick, dumm, ihre Opposition implizit enthält und erst dadurch eine differenzielle Bedeutungskonstruktion ermöglicht: Mann ergibt nur Sinn im Gegensatz zu Nichtmann bzw. Frau, ebenso dick – schlank, dumm – klug, laut – leise. Insofern „berühren" sich diese Gegensätze. Hätte das z. B. Rudyard Kipling (1865–1936), Nobelpreisträger und literarischer Chefideologe des britischen Empire, gewusst, hätte er sich vermutlich die folgende Zeile in einer seiner Balladen verkniffen: „East is East and West is West and never shall the twain meet" (Osten ist Osten und Westen ist Westen, und niemals werden diese beiden zusammenkommen). Denn schon Laotse (6. Jh. v. Chr.) wusste (oder ahnte), immerhin 2 000 Jahre vor Kolumbus und 2 500 vor Kipling: „Sehr weit im Osten ist wieder Westen."

Geld macht nicht glücklich

Glück und Unglück / Armut und Reichtum

Der implizierte wahre Kern dieses Sprichworts, dass zum Glück auch Freundschaft, Liebe, Gesundheit und soziales Bewusstsein gehören, ist im Laufe der immer massiver werdenden Konsumorientierung der Gesellschaft fast in Vergessenheit geraten; zudem wurde es von den Reichen oft den Besitzlosen als eine Art ideologisches Placebo angeboten, was diese dann zu Nachsätzen wie „... aber kein Geld auch nicht“ oder „... aber es beruhigt“ angeregt hat. In Italien wusste man immer, worauf es stattdessen ankommt. „Non l'oro, ma il cuore fa l'uomo ricco“ (Nicht das Gold, sondern das Herz macht den reichen Mann); und auch im Englischen gibt es einen zarten Hinweis auf das erforderliche „mehr“: „Riches alone make no man happy“ (Reichtum allein macht niemanden glücklich). „Imperat aut servit collecta pecunia cuique“ (Einem jeden befiehlt oder dient das gesammelte Geld) wusste schon der römische Dichter Horaz (65–8 v. Chr.), „Riches serve a wise man, but command a fool“ (Reichtum dient dem klugen Mann, aber befiehlt einem Narren) lautet die englische Übersetzung. Optimistischer sind da die Russen: „S bogatstvom um prihodit“ (Mit dem Reichtum kommt der Verstand). Aber es gilt auch: „Bez deneg kreptsche spitsja“ (Ohne Geld schläft man besser). Na dann: Gute Nacht!

Gelegenheit macht Diebe

Dummheit und Klugheit

Diese sprichwörtliche Mahnung verweist indirekt auf die Mitschuld bzw. Mitverantwortung des Geschädigten bei kleineren Vergehen – sei es der Diebstahl eines nicht abgeschlossenen Fahrrades, das Ausspähen von PIN-Zahlen und Codewörtern oder das Phishing privater Daten. Ihr Ursprung, die Angst vor Diebstahl, findet sich in allen Kulturkreisen. Schon im alten Rom galt: „Vigilantibus, non dormientibus, subveniunt iura“ (Den Wachsamen, nicht den Schlafmützen, hilft das Gesetz), denn Wachsamkeit ist Schutz des Eigentums, und „Aise fait le larron“ (Wohlgefühl macht den Spitzbuben) heißt es in Frankreich. Bei den Aschanti in Ghana ist Wachsamkeit überlebenswichtig: „Auf dem Weg, auf dem du keine Angst hast, wird das Raubtier dich überraschen.“ Ähnlich sehen das auch die Tonga in Nigeria: „Der Löwe schläft mit seinen Zähnen.“ Die Geschichte eines Diebstahls in Kurzform ist das indische Sprichwort „Am ersten Abend wachen alle, am zweiten der Yogi, am dritten der Dieb.“ In Estland steht der Hund für die Wachsamkeit: „Wer den Hund nicht füttert, füttert den Dieb.“ Eine wörtliche Übersetzung des deutschen Sprichworts findet sich bei den Briten – „Opportunity makes the thief“ –, Franzosen – „L'occasion fait le larron“ –, Spaniern – „La ocasión hace al ladrón“ – und Italienern – „L'occasione fa l'uomo ladro“.

Gleich und Gleich gesellt sich gern

Gleichheit und Gegensatz

In Platons Dialog *Symposion* (deutsch *Gastmahl*, 380 v. Chr.) ist in Kapitel 15 beschrieben, wie Zeus, genervt durch die übermütigen Menschen, diese durch Teilung (sie waren kugelförmig, mit vier Beinen und Armen sowie zwei Gesichtern, der Bauchnabel war der Knoten der zusammengezogenen Haut) strafte und so ihre (erotische) Sehnsucht nach der verlorenen (jeweils gleichen) Hälfte hervorrief. Seither suchen wir – je nach Geschlecht – unsere homoerotischen Hälften. Das obige Sprichwort holt diese mythohistorische Genealogie des Menschengeschlechts in Kurzform ein, zudem ist es das Pendant zu (→) „Gegensätze ziehen sich an" – beide haben einen wahren Kern, jedoch hat das hier zu behandelnde einen negativen Beigeschmack, wie weiter unten deutlich werden wird. Gleichheit ist, je nach Perspektive, ein angenehmes oder bitteres Prinzip der Natur, denn sowohl das Prinzip Leben als auch das Prinzip Tod trifft auf uns alle zu: „Sol omnibus lucet" (Die Sonne scheint für alle) sagte man in Rom, „Wer Gleichheit sucht, soll auf den Friedhof gehen" lautet ein deutsches Sprichwort dazu. Ähnlich formuliert dies, mit einem Seitenblick auf das konfliktreiche Zusammenleben der Menschen, ein anderes Sprichwort: „Gleichheit existiert nicht auf, sondern unter der Erde." Außerdem ist mit der Gleichheit der wichtigste Grundsatz der demokratischen Gemeinschaften angesprochen, über den die (adlige) Journalistin Madame de Girardin 1841 schrieb: „L'égalité, c'est l'utopie des indignes" (Gleichheit ist die Utopie der Unwürdigen). Sie hätte sicherlich auch diesem indischen Sprichwort zugestimmt: „Bei den Menschen sind die einen die Kieselsteine, die anderen die Edelsteine." Hier zeigt sich eine negative Färbung der Gleichheit durch ihre Assoziierung mit den „unteren Schichten" – die Gleichen neigen zur Menge, wenn nicht gar zur Masse, diesem bürgerlichen Albtraum des frühen 19. Jahrhunderts: „Qui se ressemble s'assemble" (Wer sich ähnlich ist, schließt sich zusammen), wobei implizit gesagt wird: Wir, die „Oberen“, sind Individuen, und als solche (Gott sei Dank!) unterscheiden wir uns. „Birds of a feather flock together“ (Vögel mit gleichen Federn finden sich zum Schwarm zusammen) sagt man in England mit ebendiesem Unterton. Optimistischer und „platonischer“ (s. o.) sind dagegen die Italiener: „Ogni simile appetisce il suo simile“ (Jeder Mitmensch verlangt nach seinem Ebenbild). Wenn das Zusammenleben doch so einfach wäre …

Glück im Spiel, Pech in der Liebe

Liebe und Ehe / Glück und Unglück

Das Sprichwort scheint auf eine Balance der Gerechtigkeit des Glücks hinzuweisen. Diese mag darauf beruhen, dass sowohl die Liebe als auch das Glückspiel die Gedanken so gefangen halten, dass im Kopf für nichts anderes Platz ist. Die gerechte Verteilung von Glück und Pech beinhaltet auch eine Art „kompensatorischen Trost" der beiden möglichen „Glücksträger". Die englischen Quellen nennen den Satiriker Jonathan Swift (1667–1745) als Urheber: „Lucky at cards, unlucky in love" (Glück bei den Karten, Pech in der Liebe). Im von ihm beschriebenen Kontext (*Polite Conversation*) ist angedeutet, dass eine „glückliche" Kartenspielerin einen traurigen Ehemann haben wird, da dieser nächtens allein im Ehebett liegt, während sie am Spieltisch sitzt. Das gilt allgemein als „Ursituation" des dann später abgewandelten Sprichworts. Wie die Franzosen – „Heureux au jeu, malheureux en amour" (Glücklich beim Spiel, unglücklich in der Liebe) – stimmen auch die Italiener der engen Verbindung von Liebe und Glücksspiel zu: „Fortuna al gioco, sfortuna in amor" (Glück im Spiel, Pech in der Liebe); aber sie haben auch eine daraus resultierende Mahnung: „Chi ha fortuna in amor, non giocho a cart" (Wer Glück in der Liebe hat, sollte nicht Karten spielen). Die Russen hingegen sind fest überzeugt von der reziproken Kausalität zwischen Liebe und Glückspiel: „V kartotschnoj igre ne vezet – povezet v ljubvi" (Pech beim Kartenspiel heißt Glück in der Liebe). In Spanien nimmt man es (sprachlich) etwas leichter: „Afortunado en el juego, desgraciado en amores" (Glückspilz im Spiel, Pechvogel in der Liebe).

Guter Rat kommt über Nacht

Erfahrung / Lebenskunst

Eine alte Weisheit, dass nämlich bei schwierigen Entscheidungen die Zeit, das Überdenken und „Darüberschlafen", sehr hilfreich sein kann, ist in diesem Sprichwort ausgedrückt. Bei Euripides (ca. 480–406 v. Chr.) heißt es „Secundae cogitationes meliores" (Die zweiten Gedanken sind die besseren). In für das Lateinische typischer substantivischer Kürze formulierte später Ovid (43 v. Chr. bis 17 n. Chr.) „In nocte consilium" (In der Nacht kommt guter Rat). Dies haben auch die Franzosen übernommen: „La nuit porte conseil", die Italiener desgleichen: „La notte porta consiglio" (beide: Die Nacht bringt den guten Rat). Bei den Schweden bringt der neue Tag den guten Rat: „Kommer dag, kommer råd" (Kommt der Tag, kommt Rat). Etwas allgemeiner sagt ein anderes französisches Sprichwort in Anlehnung an das griechische Original (s. o.) „Mal pense qui ne repense" (Der denkt schlecht, der nicht zweimal denkt). In Russland weiß man „Utro vetschera mudreneje" (Der Morgen ist klüger als der Abend), und die Türken sagen „Iyi tavsiye gecede gelir" (Guter Rat kommt in der Nacht). Das sieht man auch im Fernen Osten so, wo ein japanisches Sprichwort rät „Sag, was du sagen willst, morgen".

Hilf dir selbst, dann hilft dir Gott

Glaube, Gott und Religion

Nicht nur das Glück, so glaubte man im alten Rom, hilft dem Tüchtigen, sondern auch die das Schicksal des Menschen bestimmenden Götter: „Fortes dei adiuvant“ (Den Tüchtigen/Starken helfen die Götter). Dementsprechend sagen die Franzosen „Les dieux n'écoutent pas les vœux indolents“ (Die Götter hören nicht auf träge Wünsche). Daher gilt auch in England: „God helps those who help themselves“ (Gott hilft denen, die sich selbst helfen). Ähnlich optimistisch ist man in Frankreich: „Aide-toi, le Ciel t'aidera“ (Hilf dir selbst, der Himmel wird dir helfen). Dieses Gottvertrauen teilen auch Italiener – „Chi s'aiuta, Dio l'aiuta“ (Wer sich hilft, dem hilft Gott) – und Spanier – „Ayúdate tu, y Dios te ayudará“ (Hilf dir, und Gott wird dir helfen). Etwas konkreter und dazu reimend ist dieses spanische Sprichwort: „A Dios rogando, y con el mazo dando“ (Die Götter bittend und [dabei] mit dem Hammer arbeitend). Die Franzosen stellen in einem ironischen Sprichwort die Arbeitsteilung klar: „On ne fait pas de processions pour tailler les vignes“ (Man macht keine Prozessionen, um die Weinstöcke zu beschneiden). Mit ähnlichem Gestus lässt man auch in Slowenien keine Missverständnisse aufkommen: „Bitte den Himmel um eine gute Ernte und arbeite weiter.“ Für die Russen hingegen hat die himmlische Hilfe auch eine moralische Voraussetzung: „Dobromn bog pomogajet“ (Gott hilft dem Guten).

Hochmut kommt vor dem Fall

Erfahrung / Menschen und Menschliches

Hochmut, Überheblichkeit, Anmaßung scheinen zu den menschlichen Konstanten zu gehören – sie erscheinen schon in den frühen Zeugnissen, den Sagen und Märchen unserer Vorfahren. Dementsprechend ist eine der Todsünden der (falsche) Stolz (griech. hybris, latein. superbia) – so auch im *Buch der Sprichwörter* der hebräischen *Bibel*: „Hochmut geht der Zerstörung voraus, und Stolz kommt vor dem Fall" (16,18). Der Geschichtsschreiber Herodot (ca. 490–424 v. Chr.) geißelte den Hochmut als „Privileg der Dummköpfe", und Theophrast (371–287 v. Chr.) formulierte seinen Einblick in die menschliche Psyche so: „Hochmut ist die Verachtung all dessen, was man selbst nicht hat." Der Koran ist, wie so oft, mit der Bibel einig: „Für die Hochmütigen ist kein Platz im Paradies" (7:40). „L'orgeuil précède les chutes" heißt es in Frankreich, „Pride goes before a fall" (beide: Stolz geht dem Fall voraus) lautet die englische Kurzform. Auch Shakespeare (1564–1616) spottete „Fly pride, says the peacock" (Fliehe den Hochmut, sagt der Pfau). In Dantes *Göttlicher Komödie* (1305–1321) heißt es: „Superbia, invidia ed avarizia sono le tre faville c'hanno i cuori accesi" (Hochmut, Neid und Habgier sind die drei Brandfackeln, die die Herzen entzündet haben) (6,74). Ein eher realistisches italienisches Sprichwort lautet: „La superbia andò a cavallo, e tornò a piedi" (Der Hochmut kommt auf dem Pferd und geht zu Fuß zurück). Ein schöner Trost für uns auf dem Boden Gebliebenen.

Hunde, die bellen, beißen nicht

Erfahrung

Zumindest nicht, während sie bellen. Hundekenner würden diesem Sprichwort wohl zustimmen, denn allgemein kann das Bellen als Aufforderung zum Einhalten eines nicht als bedrohlich empfundenen Abstands gedeutet werden. Ob aber Engländer, Franzosen und Italiener mit dem apodiktischen „A barking dog never bites“ (Ein bellender Hund beißt niemals) bzw. „Le chien qui aboie ne mord pas“ bzw. „Cane che abbaia non morde“ (beide: Der Hund, der bellt, beißt nicht) richtig liegen, bleibt dahingestellt. Man könnte das mit dem ebenso allgemeingültigen wie weisen englischen Merkspruch „Never say never“ (Sag niemals nie) kommentieren. Daher scheint diese englische Version der Wahrheit näher zu kommen: „Barking dogs seldom bite“ (Bellende Hunde beißen selten). Die folgende französische Fassung zeigt mehr Verständnis für das Hundeleben: „Le chien aboie plutôt que de mordre“ (Der Hund bellt lieber, als dass er beißt). Auch in Spanien ist man vorsichtiger und reimt „Perro ladrador, poco mordedor“ (Ein kläffender Hund ist nur wenig bissig). In der Türkei hat man wohl schmerzhafte Erfahrungen gemacht: „Isiracak köpek dişini göstermez“ (Hunde, die beißen wollen, zeigen nicht die Zähne), während man in Russland gelassen auf die Beißstatistik verweist: „Lajuschtschaja sobaka reze kusajet“ (Bellende Hunde beißen seltener). Dass ein bellender Hund im Haus auch einen weiteren, etwas überraschenden Vorteil hat, sagen uns die praktisch veranlagten Engländer: „Why keep a dog and bark yourself?“ (Warum einen Hund halten und noch selbst bellen?). Also nicht aufregen, sondern bellen lassen.

In der Not frisst der Teufel Fliegen

Alltag / Armut und Reichtum

Die Not konnte und kann jeden treffen; früher halfen schreckliche Bilder (Teufel = Hölle und Verdammnis; Fliegen = Krankheit, Verwesung, Tod), das eigene Elend zu relativieren und damit besser zu ertragen. In England, wo es schon im 16. Jahrhundert Armengesetze gab, war der Blick auf Not und Elend eher sozial und pragmatisch motiviert: „Beggars cannot be choosers" (Bettler können nicht wählen). Armut galt hier (und gilt unterschwellig bis heute) als selbst verschuldet und daher moralisch verwerflich. Ein ganz anderes, aber ebenfalls typisch englisches Bild findet sich in „Any port in a storm" (Im Sturm ist jeder Hafen recht) – die maritime Vorstellungskraft durchdringt die Alltagswelt. Einen kurzen Blick in die geschlechtsspezifische Sozialordnung Englands erlaubt das folgende Sprichwort, es handelt sich (offensichtlich) um die letzte Zeile des abendlichen Gebets einer „älteren Jungfer" (engl. „spinster"), die in ihrer Verzweiflung den Herrn um einen Ehemann bittet: „Any, good Lord, before none" (Lieber Gott, eher irgendeinen als keinen). In Italien hat man anstelle des Bettlers eine Kreatur gewählt, deren Existenz schon immer mit Elend und Armut einhergeht: „Asino che ha fame mangia d'ogni strame" (Der hungernde Esel frisst von jeder Streu). Aber die Franzosen haben vielleicht in der Ironie den besten Weg gefunden, Not zu ertragen: „Faute de grives, on mange des merles" (Gibt es keine Drosseln, muss man Amseln essen). Ungeachtet der unsäglichen Tradition des Vogelfangs, die in manchen südlichen Ländern bis heute geübt wird, wird hier der Aspekt des Vorliebnehmens mit wenigem sprachlich subvertiert – der Geist (der Sprache) siegt über die Not der Realität, was immer der leere Bauch dazu sagt. Abgesehen davon erinnert dieses Sprichwort an den (allerdings von Jean-Jaques Rousseau stammenden) Ausspruch der französischen Königin Marie Antoinette angesichts des hungernden Volkes am Vorabend der Französischen Revolution (1789): „Sollen sie doch Kuchen (brioches) essen!“ Dazu passt das spanische Pendant „A falta de pan, buenas son tortas“ (Wenn Brot fehlt, sind Torten gut). In Russland gibt es ein Sprichwort zum Mangel mit einer vergleichsweise vernünftigen Botschaft: „Jablotschka net, sjesch i morkovku“ (Ist kein Apfel da, isst du auch Möhren); in Indien dachte man offensichtlich eher an den Genuss als ans Überleben: „Wenn kein Honig da ist, muss man sich mit Melasse begnügen.“ Nun ist Melasse, eine bei der Zuckerherstellung entstehende braune zähe und klebrige Masse, zwar ziemlich eklig, aber – Hauptsache süß. Auch in Kurdistan hat man gelernt, mit Einschränkungen zu leben: „Koyun olmadığı yerde keçi Prenses olur“ (Da, wo es an Schafen mangelt, heißt eine Ziege Prinzessin). Wer wäre wohl ohne größte Not auf diesen Namen für eine Ziege gekommen! Die im Südwesten Nigerias lebenden Yoruba haben eine Version, die offensichtlich auf den endlosen kriegerischen Unruhen in ihrem Land beruht: „Fehlendes Pulver macht aus einem Gewehr einen Stock.“

Irren ist menschlich

Menschen und Menschliches

So kurz, so prägnant, so wahr – möchte man hier sagen! Daher gibt es diese Aussage im Französischen – „L'erreur est humaine" –, im Italienischen – „Umana cosa è errare" – und im Englischen – „To err is human". Ein arabisches Sprichwort macht den Irrtum zum Erbe der Menschheit: „Der Mensch ist der Sohn des Irrtums", und die Chinesen wissen: „Auch Götter und Feen irren sich." Jeder Sextaner kannte früher das schlichte „Errare humanum est", meistens jedoch ohne den Nachsatz Ciceros (106–43 v. Chr.): „... in errore perseverare stultum ..." (Irren ist menschlich, im Irrtum zu verharren dumm). Etwas martialischer sah das, seiner Zeit entsprechend, der Kirchenvater Augustinus (354–430 n. Chr.), der in – vor allem wohl Fragen des Glaubens betreffenden – Irrtümern das Wirken des Teufels erkannte: „Humanum fuit errare, diabolicum est per animositatem in errore manere" (Irren war immer menschlich, aber es ist teuflisch, aus Ehrgeiz im Irrtum zu verharren). Das war den (protestantisch) aufgeklärten Engländern zu mittelalterlich und so übernahmen sie „To err is human" – allerdings mit dem bemerkenswert veränderten Nachsatz von Alexander Pope (1688–1744): „... to forgive, divine" (Irren ist menschlich, vergeben göttlich). „Es irrt der Mensch, solang er strebt" heißt es im *Faust* von Johann Wolfgang von Goethe (1749–1832), und ebenso kritisch ist ein französisches Sprichwort, das Voltaire (1694–1778) zugeschrieben wird: „Bien des erreurs sont nées d'une vérité dont on abuse" (Viele Irrtümer sind aus einer missbrauchten Wahrheit geboren).

Ist die Katze aus dem Haus, tanzen die Mäuse auf dem Tisch

Recht und Ordnung

Es gibt ein lateinisches Sprichwort, das Publilius Syrus (1. Jh. v. Chr.) zugeschrieben wird: „Ubi nil timetur, quod timeatur, nascitur" (Wo man nichts fürchtet, entsteht, was man fürchten wird). In gewisser Weise schließt dieses den Fall der abwesenden Katze ein: Ist die Katze nicht da, haben die Mäuse keine Furcht, und „Furchtbares", nämlich Schmutz und Mäusefraß, entsteht. Wahrscheinlicher ist allerdings, dass unserem sehr alten Sprichwort die sehr alte Erfahrung zugrunde liegt, dass Ordnung ohne Aufsicht sich in Chaos verwandelt bzw. dass schlechtes Benehmen (auf dem Tisch tanzen!) sich ausbreitet. Das jedermann geläufige Bild von Katze und Mäusen findet sich daher in vielen Sprachen – der ländliche Lebensraum schuf überall dieselben Probleme. So sagt man in Frankreich „Absent le chat, les souris dansent" (Ist die Katze abwesend, tanzen die Mäuse), mit etwas anderer „Besetzung" heißt es dann „En l'absence du seigneur se connaît le serviteur" (Ist der Herr abwesend, lernt man den Diener kennen). „Quando la gatta non è in paese, i topi ballano" (Wenn die Katze nicht im Land ist, tanzen die Mäuse) sagt man in Italien. Und auch in Großbritannien heißt es reimend „When the cat's away, the mice will play" (Ist die Katze aus dem Haus, so tanzt die Maus). Selbst die spanischen Mäuse schwingen gern ihr Tanzbein: „Cuando el gato no está, los ratones bailan" (Wenn die Katze nicht da ist, tanzen die Mäuse).

Keine Regel ohne Ausnahme

Regel und Ausnahme

Die Botschaft dieses Sprichworts ist deutlich subversiv: Die Ausnahme widersetzt sich der Regel, der Norm, der Uniformität; sie ist der Beweis für die oft ideologisch motivierte und willkürliche Setzung von Regeln – zumindest im finanz- und ordnungspolitischen Bereich. Da hilft auch die bekannte rhetorische Volte aus dem Lateinischen nicht: „Exceptio probat regulam" (Die Ausnahme bestätigt die Regel). „There is no rule without an exception" (Es gibt keine Regel ohne eine Ausnahme) sagen die Briten und regierten/regelten ihr Empire mit Regeln („ruled by rules" könnte man sagen – die Etymologie von „rule" (deutsch „Regel") und „to rule" (deutsch „herrschen/regieren") ist identisch: lateinisch „regula/regulare"), deren Ausnahmen sie für sich in Anspruch nahmen – seien es Ansprüche auf die Weltmeere innerhalb eines „liberalen" Welthandels, auf besondere Handelsabkommen oder auf Sklaverei. Später, nach den Erfahrungen des Zweiten Weltkriegs, hieß es dann ebenso pragmatisch wie pessimistisch: „Rules are made to be broken" (Regeln werden gemacht, damit sie gebrochen werden). „Ogni regola ha la sua eccezione" (Jede Regel hat ihre Ausnahme) heißt es in Italien, „No hay regla sin excepción" (Es gibt keine Regel ohne Ausnahme) in Spanien. Sehr besonnen, wenngleich unverbindlicher, klingt da ein dem französischen Essayisten Joseph Joubert (1754–1824) zugeschriebenes Sprichwort, das eher eine Maxime ist: „Il faut, quand on agit, se conformer aux règles, et quand on juge, avoir égard aux exceptions" (Man muss, wenn man handelt, sich an die Regeln halten und, wenn man urteilt, die Ausnahmen in Betracht ziehen).

Leichter gesagt als getan

Arbeit

Etwas hochtrabend ließe sich dieses Sprichwort als heruntertransformierte Fassung der Differenz von Theorie und Praxis bezeichnen. Jeder kennt die Schwierigkeit der praktischen Umsetzung eines Plans, wiewohl die Planung als mentale Antizipation zum Projekt dazugehört; darin ist sich die Menschheit einig, denn, so schrieb der junge Karl Marx einst (*Philosophisch-ökonomische Manuskripte*, 1844), das unterscheidet den Menschen vom Tier. „Du dit au fait il y a un grand trait" (Von gesagt zu getan ist es eine große Strecke) sagt man in Frankreich, und exakt dieser Meinung sind auch die Spanier: „Del dicho al hecho hay mucho trecho" (Von gesagt zu getan ist es ein weiter Weg). In Italien ist das verwendete Bild eher deprimierend im Hinblick auf die Erreichbarkeit des Ziels: „Tra il dire e il fare c'è in mezzo il mare" (Zwischen sagen und tun ist mittendrin das Meer). Positiver klingt da schon die russische Version „Ot slov do dela – tselaja versta" (Vom Wort zur Tat ist eine ganze Werst), also etwas mehr als ein Kilometer. Die (mittel)lateinischen Ursprünge dieser Weisheit könnten folgende sein: „Longum iter per praecepta" (Es ist ein langer Weg durch die Lehre/Vorschriften/Gebote) oder auch „Fit fabricando faber" (Durch das Machen/Herstellen entsteht der Macher/Handwerker/Künstler). „Easier said than done" (Leichter gesagt als getan) sagt man in England lakonisch, ein schöneres Bild dafür bietet dort ein anderes Sprichwort: „Knowledge is a treasure, but practice is the key to it" (Wissen ist ein Schatz, aber Tun ist der Schlüssel dazu), denn es gilt auch „Knowledge without practice makes but half the artist" (Wissen ohne Praxis macht nur den halben Künstler).

Lügen haben kurze Beine

Erfahrung / Wahrheit und Lüge

Oder lange Nasen, siehe Pinocchio. Es handelt sich hier um eines der Sprichwörter mit moralischem Anspruch. Schon im antiken Rom galt, etwas blauäugig formuliert: „Mentiri non licet“ (Lügen ist nicht erlaubt). Unser Sprichwort geht sehr viel weiter – über „kurz oder lang“ (also eher „über kurz“, s. o.) wird der Lügner enttarnt, verfolgt (kein Problem wegen des anatomischen Nachteils) und bestraft werden; diese Strafe schließt seine gesellschaftliche Ächtung ein, gemäß einem verwandten Sprichwort: (→) „Wer einmal lügt, dem glaubt man nicht, und wenn er auch die Wahrheit spricht.“ Bitter – es sei denn, er wäre Kreter, dann wäre er gemäß der Paradoxie des Eubulides (ca. 4. Jh. v. Chr.), dass alle Kreter lügen, gerettet. In England sind die Lügen schneller unterwegs: „Lies have short wings“ (Lügen haben kurze Flügel). Daher brauchen sie auch keine Beine: „A lie has no legs“ (Eine Lüge hat keine Beine). Aber es gibt da noch eine andere Spezies – die einbeinige Lüge, über deren aeronautische Ausstattung (z. B. Flügel oder Ähnliches) nichts bekannt ist: „A lie stands on one leg, and truth on two“ (Eine Lüge steht auf einem Bein, und die Wahrheit auf zweien). Diese Sicht wird auch in Russland gepflegt: „Losch na odnoj noge stoit, a prawda na dwuh“ (Die Lüge steht auf einem Bein, doch die Wahrheit steht auf zweien). Auch die italienischen Lügen haben zwei Optionen der beschleunigten Fortbewegung: Landweg – „Le bugie hanno le gambe corte“ (Lügen haben kurze Beine) – und Luftweg – „Le bugie hanno corte le ali“ (Lügen haben die kurzen Flügel). Die Spanier halten es wie wir – die kurzen Beine der Lüge machen die Flucht chancenlos: „La mentira tiene piernas cortas“ (Die Lüge hat kurze Beine). Ein hebräisches Sprichwort fügt diesen Verdikten eine etwas gemeine Variante hinzu: „Die Lüge hat keine Füße.“ Unsere Vorstellungskraft versagt ob dieses doch ein wenig zu grausigen Bildes. Die Russen geben der „hässlichen“ Lüge in einem nur kaum weniger abstoßenden Bild Ausdruck: „Losch na tarakanjih noschkah hodit“ (Lügen gehen auf Schabenbeinen). Igitt, wer wollte da noch lügen! Da ist doch das Wüstenvolk der Berber besser dran – nicht alle Kreter lügen (s. o.), sondern die ganze Welt bzw. fast die ganze: „Außer meinem Vater und meiner Mutter lügt die ganze Welt.“ Ein schönes Bild verwenden die Türken für die Kurzlebigkeit der Lüge: „Yalancinin mumu yatsiya kadar yanar“ (Die Kerze des Lügners brennt nur bis Mitternacht). Wir beschließen hier die Betrachtung der anatomischen Absonderheiten und kretischen Sophismen mit dem pragmatischen Ratschlag des spanischen (tja!) Römers Quintilian (ca. 35–100 n. Chr.): „Mendacem memorem esse oportere“ (Der Lügner braucht ein gutes Gedächtnis). Hier klingt ein interessanter Aspekt der Lüge an: Der Lügner glaubt mit seiner Lüge nur ein Detail der Realität zu verändern und vergisst dabei das Eingebundensein dieses Details in mehrere Kontexte. Deshalb muss er meistens sehr bald weitere, die Primärlüge stützende Unwahrheiten erfinden und dabei deren Auswirkungen auf alles zuvor Erlogene berücksichtigen, was eine bemerkenswerte Gedächtnisleistung voraussetzt. Das kann einige Zeit gut gehen, endet aber meist im Zerfall des Lügengerüsts.

Man muss das Eisen schmieden, solange es heiß ist

Erfahrung

Dieses Sprichwort will mit einem etwas drastischen Bild (wer schon einmal in einer Schmiede war, kann das bestätigen) dafür plädieren, die „Gunst der Stunde“ zu nutzen bzw. die Gelegenheit, zu einer Problemlösung oder zu einer Entscheidung zu kommen, „beim Schopf zu greifen“ oder eine lange Diskussion zu einem guten Ende zu bringen. Dahinter steht der Gedanke, dass es für jede Sache „ihre Zeit“ gibt, in der sie beschlossen/entschieden/umgesetzt wird. Zugrunde liegt wahrscheinlich ein Wort des Chilon von Sparta (6. Jh. v. Chr.): „Alles ist gut, das zu seiner Zeit kommt.“ Dem stimmt auch die *Bibel* zu: „Ein jegliches hat seine Zeit, und jeder Zweck unter dem Himmel hat seine Stunde“ (Prediger 3,1). Das klingt auf Englisch so nett, dass The Byrds 1965 diesen von Pete Seeger vertonten Bibeltext als „Turn, turn, turn“ zu einem Hit der Popmusik machten: „To eyerything there is a season.“ Dies besagen auch der französische Merkspruch „Selon le temps, la manière“ (Gemäß der Zeit die Art und Weise) und das türkische Sprichwort „Herşeyin bir zamanı var“ (Alles hat seine Zeit). Die englische Version des in der Überschrift angegebenen Sprichworts klingt wieder entsprechend hart: „Strike while the iron is hot“ (Schlag zu, solange das Eisen heiß ist); in Spanien heißt es reimend: „Al hierro caliente, batir de repente“ (Ist das Eisen heiß, soll man es schnell schlagen). Auch in Russland kennt man sich mit dem Schmiedehandwerk aus: „Kuj zeleso poka ono gorjatcho“ (Schmiede das Eisen, solange es heiß ist). Die Fula im westlichen Afrika haben den praktischen Rat ihren Lebensumständen angepasst: „Man formt den Ton, wenn er feucht ist.“

Man soll den Tag nicht vor dem Abend loben

Zeit / Dummheit und Klugheit

Dies ist sicherlich eine Weisheit, deren Wahrheitsgehalt ein jeder schon in seinem Leben erfahren hat – wie gut eine Arbeit gelungen ist bzw. bezahlt wird, weiß man erst, wenn sie beendet ist, und das war für die arbeitende Bevölkerung immer erst am Abend. Schon der lebensweise Salomo warnte davor, die „Frucht" eines langen, arbeitsreichen Tages durch vorzeitiges Lob zu gefährden (*Buch der Sprichwörter* 27,1), da man nie wissen kann, was der Tag noch bringt; ein anderer hingegen, so fährt Salomo fort, darf dieses Lob aussprechen – wir wissen, dass Belobigung motivierend ist, und der Weise scheint es auch gewusst zu haben. „Don't count your chickens before they are hatched" (Zähle deine Küken erst dann, wenn sie geschlüpft sind) – die von landwirtschaftlicher Erfahrung geprägten pragmatischen Briten halten es da eher mit dem griechischen Komödienschreiber Philemon (um 300 v. Chr.), auf den ihre Version der Warnung vor zu früher Beurteilung einer Sache zurückgeht. In Russland zählt man – die Prioritäten sind verschieden – die Entlein: „Ne stschitaj utjat, poka ne vivelis" (Zähl die Entlein nicht, bevor sie schlüpfen); mit dem Zählen der Küken lässt man sich mehr Zeit: „Tsipljat po oseni stschitajut" (Die Küken zählt man erst im Herbst). Hier steht die Geduld, das Abwartenkönnen, im Vordergrund, denn es ist die übereilte Antizipation des Erfolgs, die verführerisch ist und leichtsinnig macht. In Italien und Frankreich ist die Warnung vor den Verlockungen des imaginierten Erfolgs im Bild vom Verkauf eines Bärenfells ausgedrückt; die Arbeit – und eine gefährliche dazu – läge dann im Erlegen des Bären, damals das größte und gefährlichste Raubtier Westeuropas: „Prima di vender la pelle bisogna aver ferito l'orso" (Vor dem Verkauf des Fells muss man den Bären erlegen) sagt man in Italien, in Frankreich „Il ne faut pas vendre la peau de l'ours avant de l'avoir tué" und in Spanien „No hay que vender la piel del oso antes de haberlo matado" (beide: Es geht nicht, dass man das Fell des Bären verkauft, bevor man ihn getötet hat). Die Franzosen, spätestens seit ihrer Revolution voll des distanzierten bürgerlichen Selbstbewusstseins gegenüber Staat und Kirche, haben ein weiteres Sprichwort, in dem die Folge eines zu frühen (Selbst-)Lobs ebenso elegant wie ironisch deutlich gemacht wird: „Tel entre pape au conclave qui en sort cardinal" (Wer schon als Papst das Konklave betritt, wird es als Kardinal wieder verlassen). Abschließend soll mit der mittellateinischen Version „Vespere laudatur" (Der Tag lobt den Abend) noch auf die im Bild von Tag und Abend beinhalteten Assoziationen „Lebenszeit" und „Lebensabend" hingewiesen werden. Dass erst der nahende Tod zeigt, wie das Leben zu beurteilen ist, ist quasi die maximale Auslegung unseres Sprichworts. „Lauda finem" (Lobe das Ende) – ob ein finales Lob am Ende des Lebens die Begegnung mit Schlafes Bruder erleichtert, bleibt ungeklärt, jeder Mensch entscheidet das für sich.

Mit Speck fängt man Mäuse

Dummheit und Klugheit / Menschen und Menschliches

Kompromisse sind nichts Schlechtes – sie fördern Entscheidungsprozesse, sind Belege für Flexibilität (ein Aspekt von Intelligenz), geben uns ein Erfolgsgefühl trotz unseres Einlenkens und v. a. lassen sie unseren (meist schwach gewordenen) Glauben an Fairness und Gerechtigkeit wieder erstarken. Aber dann dieses Sprichwort – mit Speck (sprich: mit einer Lappalie) wurden wir geködert, wie Mäuse (klein, grau, unüberlegt, naiv) sind wir in die Falle gegangen, unser Gegenüber hat uns hereingelegt und triumphiert. Ein Blick zu den Nachbarn enthüllt teils angenehmere, teils tröstliche Bilder: „On prend plus de mouches avec du miel qu'avec du vinaigre" (Man fängt mehr Fliegen mit Honig als mit Essig) sagen die Franzosen, die Briten sehen das ebenso: „Honey catches more flies than vinegar." In Italien und Spanien unterstreichen die Größenverhältnisse noch den Gegensatz: „Si pigliano più mosche in una goccia di miele che in un barile d'aceto" (Man fängt mehr Fliegen in einem Tropfen Honig als in einem Fass Essig) bzw. „Màs moscas se cogen con una gota de miel que con un cuartillo de vinagre" (Mehr Fliegen lassen sich mit einem Tropfen Honig fangen als mit einem Viertel Essig). Ein weiteres englisches Sprichwort könnte sich zwar an den Honigdieb richten, beleuchtet aber auch die oben beschriebene Falle als zu zahlenden Preis für den Speck: „Honey is sweet, but the bee stings" (Honig ist süß, aber die Biene sticht). In Russland ist das Essen wichtig und als Bilderquelle immer präsent: „Red'ka hvalilas: ja s mjodom horosha" (Lobt sich der Rettich: Mit Honig bin ich süß). Die Klugheit, ja Weisheit des Orients lässt jedoch Speck und Honig unbeachtet und bietet uns in einem persischen Sprichwort diese Lehre an: „Eine sanfte Hand lenkt den Elefanten mit einem Haar", das könnte aber ebenso für die Sensibilität des Dickhäuters sprechen wie für die Klugheit des „Mahout".

Morgenstund' hat Gold im Mund

Arbeit / Armut und Reichtum

Zur Entstehungszeit dieses wahrscheinlich bekanntesten deutschen Sprichworts war das Phänomen des individuellen Biorhythmus mit Sicherheit noch unbekannt. Eher galt es, die Zeit der aufgehenden Sonne in den disziplinierten Tagesablauf des arbeitenden Menschen einzubeziehen. Aber schöner und hoffnungsvoller ist die These, dass der Name der römischen Göttin der Morgenröte, Aurora, mit Gold (lateinisch aurum) und Wohlstand in Verbindung gebracht wurde: „Aurora quia habet aurum in ore" (Die Morgenröte, weil sie Gold im Munde hat), zweitausend Jahre vor der Erfindung der – vom Soziologen Max Weber (1864–1920) so bezeichneten – protestantisch-kapitalistischen Arbeitsethik. Dass diese im Übrigen ihren christlichen Anspruch nicht immer einlöst, wusste auch Bertholt Brecht (1898–1956) und dichtete sodann sozialkritisch „Ach, des Armen Morgenstund' hat für den Reichen Gold im Mund". Schließlich sei noch eine beruhigende Alternative erwähnt: „Die Faulen regen sich am Abend." Auch in Italien wird geglaubt, dass „der Morgen das Gold im Mund hat" (Il mattino ha l'oro in bocca). Ebenso wollen die Franzosen den Arbeitstag verlängern: „A bon gain qui se lève matin" (Der macht guten Gewinn, der früh aufsteht); das ist historisch einleuchtend, denn der protestantische Reformator und Theologe Johannes Calvin (1509–1564) lebte zwar in Genf, aber eigentlich hieß er doch Jean Cauvin und war Franzose, und auch die vielen fleißigen Hugenotten (französische Protestanten und somit Ketzer und Aufrührer) werden geglaubt haben, dass diese Maxime und Franzose zu sein zusammengehörten – jedenfalls bis zur Bartholomäusnacht 1572 … Ein weiteres französisches Sprichwort ist mathematisch unerbittlich: „Qui perd sa matinée perd les trois quarts de sa journée" (Wer seinen Morgen verliert, verliert drei Viertel seines Tages). Das ist zwar sehr eigenwillig gerechnet, aber – wie immer bei Sprichwörtern – ist eine überzeugende (gefühlte) Wahrheit darin enthalten.

Erfreulicherweise sind ausgerechnet die Engländer, Erfinder der puritanischen Arbeitsmoral und gnadenlosen Marktkonkurrenz, zumindest den Piepmätzen wohlgesinnt: „The early bird catches the worm" (Der frühe Vogel fängt den Wurm). Doch der Konkurrenzgedanke, 1857 von Charles Darwin als „survival of the fittest" (Überleben des am besten Angepassten) formuliert, macht auch hier keine Ausnahme, wie ein etwas deutlicheres Sprichwort sagt: „The early bird gets the late one's breakfast" (Der frühe Vogel bekommt des späten Frühstück). Die niederen Stände, die in Anbetracht ihrer Hungerlöhne die frühen Vögelchen wahrscheinlich lieber gefangen und verspeist hätten, als ihrem Beispiel zu folgen, wurden von der bürgerlichen Mittelschicht mit einem Spruch für die Bettpfosten (soweit sie denn überhaupt Betten hatten) beglückt: „Early to bed and early to rise, makes a man healthy and wealthy and wise" (Früh zu Bett und früh aufstehen macht den Menschen gesund, wohlhabend und weise). Besser konnte man den (bis ins 19. Jh. in England üblichen) 14-stündigen Arbeitstag der Arbeiter doch nicht verkaufen, auch wenn die Gesundheit dabei draufging und Wohlstand und Weisheit sich partout nicht einstellen wollten; Karl Marx (1818–1883), Friedrich Engels (1820–1895) und andere (s. o.) wussten, warum. Für die Spanier ist die Herkunft des Goldes am Morgen klar: „A quien madruga, Dios le ayuda" (Wer früh aufsteht, dem hilft Gott). Doch für die Russen bleibt die Göttin der Morgenröte qua Geschlecht für den Wohlstand zuständig: „Zarja denjgu rodit" (Die Morgenröte gebiert die Denga/das Geld).

Müßiggang ist aller Laster Anfang

Fleiß und Faulheit

Denn schon im Müßiggang sitzt der Teufel und freut sich über jeden, der nicht arbeitet, sondern „den lieben Gott einen guten Mann sein lässt". Ganz offensichtlich stand (und steht) dieses Sprichwort im Dienst der christlichen Arbeitsethik, gemäß der eine gerade Linie von der Faulheit über das Laster und die Sünde bis hin zum Untergang führt; von durch harte Arbeit verdienter Muße oder gar Stressbewältigung konnte damals nicht die Rede sein, da es diese Gedanken, geschweige denn diese Wörter, noch gar nicht gab. Und auch die Warnung des römischen Dichters Ennius, dass „Nichtstun schwieriger ist, als zu arbeiten", wurde ignoriert. Daher sieht es die *Bibel* so: „Durch viel Müßiggang zerfällt das Gebäude, und das Haus zerrinnt durch müßige Hände" (Prediger 10,18). Diesen Sinnzusammenhang nimmt das christliche Mittelalter auf und baut sogleich das von ihm am meisten missbilligte Laster in seine Version ein: „Otium naufragium castitatis" (Muße ist der Schiffbruch der Keuschheit). Es verwundert also kaum, dass in England, wo christliches Arbeitsethos, calvinistisch legitimiertes Gewinnstreben und bürgerliches Nationalbewusstsein zusammenkamen, die Muße geächtet war: „Idleness is the root of all evil" (Muße ist die Wurzel allen Übels), „Idleness is the mother of poverty" (Muße ist die Mutter der Armut), „An idle person is the devil's cushion" (Ein Nichtstuer ist des Teufels Ruhekissen). In der Türkei nimmt man den Teufel nicht ganz so ernst: „Die ganze Welt wird vom Teufel gelockt, aber der Müßige lockt den Teufel." Es gibt aber auch außermoralische Probleme mit der Muße: „L'écurie use plus que la course" (Der Pferdestall nutzt sich mehr ab als die Rennbahn) sagen die Franzosen, und ein georgisches Sprichwort verweist auf ein hygienisches und olfaktorisches Problem: „Stehendes Wasser wird unrein, es beginnt zu faulen und zu stinken."

Not macht erfinderisch

Alltag / Lebenskunst

Das besagte Sprichwort findet sich in vielen Sprachen, so heißt es in schöner Einheitlichkeit „Necessity is the mother of invention" (englisch), „La nécessité est mère de l'invention" (französisch) (beide: Die Notwendigkeit ist die Mutter der Erfindung) bzw. „La necesidad aguza el ingenio" (spanisch) und „La necessità aguzza l'ingegno" (italienisch) (beide: Not macht erfinderisch). Die Weisheit geht wohl auf die alten Römer zurück, denn Titus Livius (59 v. bis 17 n. Chr.) sagte „Ingens telum necessitas" (Notwendigkeit ist eine gewaltige Waffe) und Sallust (86–34 v. Chr.) „Necessitati parere semper habitum est sapientis" (Der Notwendigkeit zu gehorchen, galt immer schon als Zeichen der Klugheit). Publilius Syrus wies im 1. Jahrhundert vor Christus auf die politische Ambivalenz der durch (meistens angebliche) Notwendigkeit erzeugten Gesetze hin, indem er kundtat: „Adversus necessitatem ne dii quidem resistunt" (Der Notwendigkeit widerstehen nicht einmal die Götter) und „Necessitas dat legem, non ipsa accipit" (Die Notwendigkeit erzwingt Gesetze, die sie [später] selbst nicht anerkennt). Diese politische Pragmatik findet sich auch in dem englischen Sprichwort „Necessity has no law" (Notwendigkeit kennt kein Gesetz) wieder, das man sich auch als Maxime des britischen Empire hätte denken können, die ja bekanntlich ebenso poetisch wie deutlich hieß „Ruling the waves by waiving the rules" (Beherrschen der Weltmeere durch Missachtung der Regeln/Gesetze). Interessant ist eine russische Einschätzung der Not im Hinblick auf die Intelligenz, wobei hier mit „Not" offensichtlich das (existenzielle) In-Not-Geraten gemeint ist, wenn es heißt: „Glupost' – bede sosed" (Dummheit und Not sind Nachbarn). Dieses doch etwas harsche Urteil über in Not Geratene lässt sich mit einer positiven, lebenspraktischen Erfahrung kontern, die in einem serbischen Sprichwort enthalten ist: „Der Esel fängt erst dann zu schwimmen an, wenn ihm das Wasser bis an die Ohren reicht."

Reden ist Silber, Schweigen ist Gold

Sprache, Reden und Schweigen

Dieses Sprichwort ist ebenso bekannt wie umstritten. Die Ambivalenz des Schweigens – was steckt dahinter? Weisheit? Schwerhörigkeit? Arroganz? – ist umso beunruhigender, je länger man darüber nachdenkt, schweigend, versteht sich. Die *Bibel* äußert sich nicht erschöpfend dazu: „Die Worte des Herrn sind reine Worte wie Silber, das in einem irdenen Ofen siebenmal gereinigt wurde" (David, 12,6). Im *Buch der Sprichwörter* (10,20) heißt es: „Die Sprache der Gerechten ist wie feinstes Silber" – keine Spur vom Gold des Schweigens; lediglich heißt es in 25,11: „Ein passendes Wort ist wie ein goldener Apfel auf silbernen Bildern." Es scheint, als sei erst mit dem Sprachbewusstsein der Renaissance, der Reformation und nationaler Kulturen der Wert des Schweigens gegenüber der plappernden Vieldeutigkeit bzw. der Leere der Sprache wiedererkannt worden. „Cum tacent clamant" (Während sie schweigen, reden sie) – dieses alte lateinische Sprichwort galt wohl vornehmlich für Philosophen, aber einer von ihnen, immerhin Pythagoras von Samos (570–510 v. Chr.), soll gesagt haben, dass Sätze die „Atemzüge der Seele" seien. Auch das notorische „Si tacuisses philosophus mansisses" (Wenn du geschwiegen hättest, wärest du Philosoph geblieben) des Boethius (etwa 475–525 n. Chr.) muss hier erwähnt werden als Warnung vor der „silbrigen" Rede. Ansonsten gibt es mehr oder weniger wörtliche Übersetzungen des Sprichworts: Das französische „La parole est d'argent, le silence est d'or" (Die Rede ist aus Silber, das Schweigen aus Gold), das schwedische „Tala är silver, tiga är guld", das polnische „Mowa jest srebrem, a milczenie złotem" (beide: Reden ist Silber, Schweigen ist Gold). Das letzte Wort, auch wenn es „nur" silbern ist und die Botschaft unseres Sprichwortes zum Wanken bringt, gebührt Lichtenberg (1742–1799), dem weisen Spötter, der sich damit auf Sokrates (469–399 v. Chr.) bezieht: „Sprich, damit ich dich sehe."

Rom wurde nicht an einem Tag erbaut

Arbeit / Geschichte / Zeit

Mitnichten so, obwohl der 21. April 753 v. Chr. sich ja als Datum anböte; leider aber waren die beiden feindlichen Brüder Romulus und Remus (um einen der Gründungsmythen Roms anzusprechen) zerstritten über die Frage der dynastischen Grundlegung – genetisch gesehen ein eher lächerliches Problem bei eineiigen Zwillingen. Wie auch immer, Romulus erschlug seinen Bruder nach dessen – zugegeben – überflüssiger Provokation des Mauersprungs, und das wars. Dies alles sei jedoch nur am Rande erwähnt. Das Rom im o. a. Sprichwort steht eher für das Durchhalten bei den großen Problemen unseres Lebens wie Hausbau, Großreinemachen oder Schrebergartensatzung, unserem täglichen Rom sozusagen, das zu errichten mit dem „wahren" Rom vor Augen uns gelingen soll. Deshalb existiert dieses Sprichwort in den meisten Sprachen in identischer Form – ob als „Rome was not built in a day" (englisch), als „Rome ne s'est pas faite en un jour" (französisch) oder als „Roma non fu fatta in un giorno" (italienisch). In Spanien erachtet man die (lange) Belagerung Zamoras für ebenbürtig – und für reimfähig obendrein: „No se ganó Zamora en una hora" (Zamora wurde auch nicht in einer Stunde eingenommen). Wen wundert es da, dass man in Russland kontert: „Ne vdrug Moskva stroilas" (Moskau wurde nicht an einem Tag erbaut). Der Grieche Menander (342–291 v. Chr.) spottete schon früh: „Herkules wurde auch nicht in einer einzigen Nacht gezeugt." Man sieht: Durchhalten lohnte schon immer. „Durch viele Schläge fällt man die Eiche", so Diogenes (etwa 399–323 v. Chr.), der in der Tonne. Menschen mit Durchhaltevermögen sind gottgefällig, das weiß auch der *Koran*: „Gott liebt die Ausdauernden." Die Projekte der Ausdauernden können auch so aussehen, wie in einem chinesischen Sprichwort beschrieben: „Wer einen Berg versetzt hat, der hat damit begonnen, kleine Steine wegzutragen."

Sage mir, mit wem du umgehst, und ich sage dir, wer du bist

Ehre und Ansehen / Menschen und Menschliches

Unser Selbst, die Ich-Identität, hängt zum großen Teil von den sozialen Gruppen ab, in denen wir verkehren und die uns das Selbst zurückspiegeln – im Rahmen unserer Selbstwahrnehmung, die von unserem „Wunschselbst“ bestimmt wird. Auf diesen Zusammenhang zielt das obige Sprichwort. Die *Bibel* sagt es direkt und drastisch: „Wer mit weisen Männern geht, wird weise werden, aber der Begleiter von Narren wird zerstört werden“ (*Buch der Sprichwörter* 13,20). Nicht weniger direkt ist Plutarch (45–125 n. Chr.): „Wenn du in Gesellschaft eines Hinkenden bist, wirst du lernen zu hinken.“ Dass dies nicht nur äußerlich gemeint ist, ist im Französischen recht deutlich: „Dis-moi qui tu hantes, je te dirai qui tu es“ (Sag mir, wem du hinterherläufst, ich sage dir, wer du bist). In England geht man von der Veranlagung des Selbst aus, das sich die passende Gesellschaft sucht: „As a man is, so is his company“ (Wie der Mensch ist, so ist seine Gesellschaft). In Italien heißt es: „Dimmi con chi vai e ti dirò chi sei“ (Sag mir, mit wem du gehst, und ich sage dir, wer du bist). Interessant ist der Zugang der Japaner zu diesem Thema: „Wenn der Charakter eines Menschen dir undurchsichtig ist, betrachte seine Freunde.“ Bei diesem Sonderfall des „analytischen“ Interesses könnte man spekulieren, dass die Freunde dieses Menschen ebenso undurchsichtige Typen sind: (→) „Gleich und Gleich gesellt sich gern.“ Sehr handfest und deutlich klassenbewusst kommt ein persisches Sprichwort daher, das die Bildersprache der Küche und des Kochens überzeugend nutzt: „Verbinde dich nur mit Leuten deines Vermögens und deines Standes – man mischt nicht Öl mit Wasser und Essig mit Milch.“

So viele Köpfe, so viele Sinne

Gesellschaft

Hier liegt das lateinische Sprichwort „Quot capita, tot sensus" (So viele Häupter, so viele Sinne) zugrunde, das den römischen Dichtern Horaz (65–8 v. Chr.) und/oder Terenz (etwa 190–158 v. Chr.) zugeschrieben wird, wobei unter den „Sinnen" die Meinungen oder Ansichten zu verstehen sind. Ein juristischer Aspekt liegt nahe, nämlich der der erschwerten Wahrheitsfindung vor Gericht aufgrund von Zeugenaussagen. In einer italienischen Version wird dieser Aspekt sehr deutlich: „Tante teste, tante idee" (So viele Zeugen, so viele Ideen). „Tantas cabezas, tantas sentencias" sagen die Spanier (So viele Köpfe, so viele Urteile); etwas genauer wollen es die Russen: „Sto golov, sto umov" (Hundert Köpfe, hundert Meinungen). Auch im Französischen bleibt das lateinische Original erkennbar: „Autant de têtes, autant d'avis" (So viele Köpfe, so viele Meinungen). „So many heads, so many wits" (oder auch: „So many men, so many minds") – in diesen beiden Versionen wird Meinung oder Ansicht ersetzt durch „wit" (So viele Köpfe, so viele „Intelligenzen") bzw. durch das im Englischen vielschichtige „mind" (So viele Menschen, so viele „Geister, Gedanken, Seelen"). Darin ließe sich in gewisser Weise die grundsätzliche englische Skepsis gegenüber einer Wahrheit oder gar der Wahrheit überhaupt wiederfinden, wie sie im Skeptizismus David Humes (1711–1776) philosophisch dargelegt wurde. Die (vermeintliche) Nähe von „wit" zum deutschen „Witz" ist zwar etymologisch gegeben und zeigt sich, wenn mit den Worten „Er hat Witz" die Aussage „Er ist geistreich" gemeint ist; der deutsche Witz hat aber seine Bedeutung seit Längerem auf „das Witzige" beschränkt, was im Englischen „joke" heißt. In England aber ist der „wit" ein intelligenter und gebildeter Mensch mit „Esprit", der kaum jemals über einen „joke" lachen würde.

Stille Wasser gründen tief

Schein und Sein / Menschen und Menschliches

Mit tiefen Gründen kennen wir Deutschen uns aus, sie sind unsere Stärke in der Kunst, der Philosophie und der Mülltrennung – immer geht es um das große Ganze; nur die russische Seele hat mehr Weite und Tiefe, und nur Isländer und Finnen können bedeutsamer schweigen als wir. Unabhängig vom Nationalcharakter gibt es einen lateinischen Ursprung: „Altissima quaeque flumina minimo sono labuntur" (Die tiefsten Flüsse fließen mit dem geringsten Geräusch), so der römische Historiker Quintus Curtius Rufus (wohl 1. Jh. n. Chr.). Das wurde vom englischen Dichter John Lyly (1553–1606) übertragen zu: „Water runs smoothest where it is deepest" (Wasser fließt am sanftesten dort, wo es am tiefsten ist). Das Element Wasser kann, wie das Feuer, angenehm und hilfreich sein, es kann aber auch jederzeit zur entfesselten Naturgewalt werden. Diese Ambivalenz ist in unterschiedlicher Deutlichkeit in den folgenden Sprichwörtern enthalten: „Still waters run deep" (Stille Wasser sind/laufen tief), wobei hier sowohl tiefe Strömungen, wie etwa in „tief auflaufenden Gezeiten" (engl. „deep running tides"), als auch nur die Tiefe gemeint sein kann. Die Franzosen sagen „Il n'est pire d'eau que l'eau qui dort" (Es gibt kein schlimmeres Wasser als das, welches schläft) und die Italiener „Acqua cheta rompe i ponti" (Das ruhige Wasser bricht Brücken). Diesen Spruch kennt man auch in Russland, wo man im stillen Gewässer den Teufel vermutet: „V tihom omute tscherti vodjatsa" (Im stillen Tümpel tummeln sich die Teufel). Was den nachdenklichen, introvertierten Menschen angeht, den man mit dem „stillen Wasser" vergleicht, so sagt ein französisches Sprichwort dazu: „Un lac réfléchit mieux les étoiles qu'une rivière" (Ein See spiegelt die Sterne besser wider als ein Fluss). Noch philosophischer ist ein chinesisches Sprichwort dazu: „Das Schwierige ist die Wurzel des Leichten, die Ruhe ist der Meister der Bewegung" (Laotse, 6. Jh. v. Chr.). Da knacken die Synapsen.

Über Geschmack soll man nicht streiten

Essen und Trinken / Lebenskunst

„De gustibus et coloribus non est disputandum“ (Über Geschmäcke und Farben soll man nicht streiten), also weder über Essen und Trinken noch über Kunst, will uns ein oft vergessener (allerdings mittellateinischer) Zusatz sagen. Interessant ist, dass die „Farben“ lediglich im spanischen Sprichwort bewahrt sind: „Para gustos hay colores“ (Für die Geschmäcke gibt es Farben). Dabei sollte man sich auch der Weisheit eines Kleobulos von Lindos (etwa 6. Jh. v. Chr.) erinnern, der gesagt haben soll: „Mangel an Geschmack und Geschwätzigkeit beherrschen das Schicksal der Menschen.“ In Italien heißt es kurz und bündig: „Dei gusti non si discute“, auch in Russland ist das keine große Sache: „O vkusah ne sporjat“ (beide: Über Geschmäcke streitet man nicht). Etwas genauer sagen die Briten: „There is no accounting for tastes“ (Geschmäcke lassen sich nicht begründen). Und warum nicht? Weil „die Geschmäcke verschieden sind“ – in gewohnter britischer Kürze: „Tastes differ.“ Und die Geschmäcke sind verschieden, weil die Menschen verschieden sind. Aber halt! Da gibt es doch einige Einschränkungen, z. B. diese im Französischen: „Il faut avoir de l'âme pour avoir du goût“ (Man muss Seele haben, um Geschmack zu haben) und zudem noch „Le goût est le tact de l'esprit“ (Der Geschmack ist der Takt des Geistes). Wohin der Mangel an Geschmack demnach führt, ist evident: „Le mauvais goût mène au crime“ (Der schlechte Geschmack führt zum Verbrechen). Wenn es um Geschmack geht, dürfen zwei Zitate von Oscar Wilde (1854–1900), dem schärfsten Kritiker spätviktorianischer Biederkeit und Selbstgerechtigkeit, nicht fehlen: „Good taste is the excuse I have given for leading such a bad life“ (Guter Geschmack ist meine Entschuldigung dafür, dass ich ein so schlechtes Leben führe) und „I have the simplest taste. I am always satisfied with the best“ (Ich habe den einfachsten Geschmack. Ich bin immer mit dem Besten zufrieden).

Unkraut vergeht nicht

Gut und Böse

Das Unkraut ist der Antagonist des Krautes, wie der Unhold der des Holden ist – während das Kraut kräftigt und heilt (obwohl es Krankheiten oder Übel gibt, gegen die „kein Kraut gewachsen ist“), ist das Unkraut zu nichts nütze, ja, es ist fast ein immerwährendes (bzw. wachsendes) Symbol des Widerstands gegen die Kultur des Menschen und den Menschen selbst. Die bedeutungsvolle etymologische Nähe der Kultur zu lateinisch „cultivare“ (einen Acker bebauen, kultivieren) macht das Unkraut sowohl zum natürlichen Gegner auf dem Acker als auch zum Inbegriff des Schlechten, Bösen. Wie das Unkraut ist auch das Schlechte in Mensch und Gesellschaft stets darauf aus, die Oberhand zu gewinnen. Es ist ein mächtiger Gegner, denn „Ill weeds grow apace“ (Unkraut wächst schnell), „Weeds want no sowing“ (Unkraut braucht man nicht zu säen), es ist einfach da, und außerdem wusste man schon im 15. Jahrhundert „The weeds overgrow the corn“ (Unkraut wuchert über das Getreide) – das Schlechte erstickt das Gute. Unglücklicherweise ist das Schlechte äußerst robust, wie auch die von Erasmus formulierte Erfahrung „Mala herba non facile marcescit“ (Unkraut welkt nicht leicht) zeigt, die auch in Frankreich bekannt ist: „Mauvaise herbe pousse toujours“ (Unkraut wächst immer). In Italien heißt es „La mala erba non si spegne mai“ (Das Unkraut lässt sich niemals ausrotten). Dass dem Schlechten etwas Teuflisches innewohnt, nämlich die besondere Fruchtbarkeit noch in der Phase der Vernichtung, zeigt ein indisches Sprichwort: „Bevor der schlechte Baum zugrunde geht, bringt er satanische Früchte hervor.“ Deshalb rät ein arabisches Sprichwort: „Wer Unkraut im Feuer findet, sollte Holz darauf legen.“

Unter den Blinden ist der Einäugige König

Lebenskunst

Als Vater des o. a. Sprichworts gilt Erasmus von Rotterdam, in dessen umfänglicher und für die Neuzeit grundlegender Sprichwortsammlung *Adagia* (1508) sich dieser Eintrag findet: „In regione caecorum rex est luscus“ (Im Reich der Blinden ist der Einäugige König). Das lässt sich übersetzen als Hinweis darauf, dass Fähigkeiten, Talente und Kompetenzen immer auch in Relation zu der sozialen oder professionellen Umgebung zu bewerten sind. Der lateinischen Version folgen die bekanntesten europäischen Sprachen ziemlich genau, hier einige Beispiele: „V slepom tsarstve i krivoi – korol“ (russisch), „In terra di ciechi chi ha un occhio è signore“ (italienisch), „En tierra de ciegos, el tuerto es rey“ (spanisch), „Au royaume des aveugles le borgne est roi“ (französisch), „In the kingdom of the blind, the one-eyed man is king“ (englisch), „I de blindas rike är den enögde kung“ (schwedisch). Nett klingen die beiden folgenden Sprichwörter mit jeweils anderem Szenario: „Wo es keine Bäume gibt, ist der Rizinus König“ (indisch) und „In einer kleinen Kirche ist auch ein kleiner Heiliger groß“ (slowenisch).

Verbotene Früchte sind süß

Essen und Trinken / Eigenes und Fremdes

Ob der „Apfel der Erkenntnis“ im Garten Eden (Genesis 3,6) nun besonders süß war, ist nicht bekannt. Der Baum war von „schönem Aussehen“ und seine Früchte versprachen „Erkenntnis“. Die Folgen der Übertretung des göttlichen Gebots hingegen sind bekannt – wir wissen, dass wir nackt sind und dass wir sterben müssen. War es das wert? Eine müßige Frage. Physiologisch betrachtet scheint es so, dass schon durch den Reiz der Übertretung des Verbots Endorphine ausgeschüttet wurden, die den „Lusthunger“ provozierten – auf der paradiesischen Streuobstwiese heftig und überwältigend. Geblieben ist die Erfahrung. Geschmack (süß) verdrängt Erkenntnis (bitter). Ovid (43 v. Chr. bis 17 n. Chr.) kannte die Psychologie des Verbotenen: „Quod licet, ingratum est, quod non licet, acrius urit“ (Was erlaubt ist, hat keinen Reiz, das Verbotene verzehrt uns stärker). Montaigne (1533–1592) sah das ähnlich: „Nous défendre quelque chose, c'est nous en donner envie“ (Uns etwas verbieten heißt, uns Lust darauf bereiten). „I frutti proibiti sono i più dolci“ (Die verbotenen Früchte sind die süßeren) heißt es in Italien, der Komparativ beinhaltet den direkten Vergleich zwischen den eigenen (süßen) und fremden (süßeren) Früchten. Der englische Prediger und Dichter George Herbert (1593–1633) kannte wahrscheinlich das Sprichwort „Forbidden fruit is sweet“ (Verbotene Früchte sind süß), denn seine Version klingt nach pastoraler Ermahnung: „The apples on the other side of the wall are the sweetest“ (Die Äpfel auf der anderen Seite der Mauer sind am süßesten). Ein Sonderfall scheint im biblischen *Buch der Sprichwörter* beschrieben zu sein, wo „Frau Torheit“ (wie Luther sie nannte) Reisende so anlockt: „Gestohlenes Wasser ist süß, und heimlich gegessenes Brot schmeckt gut“ (9,17), wobei Vers 18 keinen Zweifel an der Höllenstrafe der Diebe lässt.

Viele Köche verderben den Brei

Essen und Trinken / Menschen und Menschliches

Unsere deutschen Köche verderben den Brei – meinetwegen, mag man denken, solange Braten, Gemüse und Dessert ordentlich zubereitet sind, etwas Baguette im Haus ist und die Weine stimmen. Die schwedischen Köche vermasseln die Suppe: „Ju fler kocka desto sämre soppa“ (Je mehr Köche, desto schlechter die Suppe), die englischen Gäste müssen lediglich ohne Fleischbrühe auskommen: „Too many cooks spoil the broth“ (Zu viele Köche verderben die Brühe) – beides sicherlich herbe, aber verschmerzbare Verluste, wenn die Hauptgänge den Erwartungen entsprechen. Französische Küchenmeister verhunzen die Soße: „Trop de cuisiniers gâtent la sauce“ (Zu viele Köche verderben die Soße), was ein wenig näher am Kollaps ist, da die Soße ja auf alle Teile des Hauptgerichts abgestimmt sein sollte. Ganz schlimm dran sind die italienischen Gäste: „Troppi cuochi guastan la cucina“ (Zu viele Köche verderben die Küche). Da läuft dann gar nichts mehr, die gesamte Kocherei in der Küche endet im Chaos. Die Chinesen verlegen solche Führungsprobleme lieber auf das Meer: „Wenn es sieben Steuerleute und acht Seeleute gibt, wird das Schiff untergehen.“ In den arabischen Ländern sind es die Kapitäne, die den Untergang herbeiführen: „Wenn es mehrere Kapitäne gibt, wird das Schiff kentern.“ Ein afrikanisches Sprichwort drückt es wie folgt aus: „Was keinen Kopf hat, kann nicht gehen; was zwei Köpfe hat, geht immer noch weniger gut.“

Vom Regen in die Traufe kommen

Schicksal

„Ein Unglück kommt selten allein" enthält die gleiche, allerdings nicht bildliche Aussage wie auch die französische Version „À qui il arrive un malheur, il en advient un autre" (Wem ein Unglück zustößt, dem geschieht ein weiteres); das wird auch in Russland so gesehen: „Beda bedu rodit" (Ein Unglück folgt dem anderen). Wer vom Regen in die Traufe kommt, der gerät von einem kleinen Unglück in ein größeres, denn die Traufe (Dachrinne bzw. Wasserablauf vom Dach) steht für reichlich Wasser, das den Betroffenen triefend vor Nässe hinterlässt. Das entsprechende englische Sprichwort benutzt ebenfalls das Bild des Regens: „It never rains but it pours" (Immer wenn es regnet, dann schüttet es), die Briten als Experten für Dauerregen werdens wohl wissen. Ein anderes englisches Sprichwort mit ähnlicher Aussage, aber einem eher martialischen Bild, geht auf die bekannte Schrift *Der Staat* (etwa 370 v. Chr.) von Platon zurück: „Out of the frying pan into the fire" (Aus der Bratpfanne ins Feuer hinein); dies findet sich auch im Italienischen wieder: „Sono caduto dalla padella nella brace" (Aus der Pfanne bin ich in die Glut gefallen). Die Türken haben den – wahrscheinlich seltenen – Fall des Nichtzutreffens der „Unglückslogik" in ein Sprichwort gefasst: „Oh felaket, tessekür ederim eger yanlizsan" (Oh Unglück, ich danke dir, wenn du allein bist). Bleibt noch für die mythologisch Interessierten zu erwähnen, dass „Von der Skylla in die Charybdis kommen" eine die tragische Fallhöhe des homerischen Epos (hier: *Odyssee,* 8. Jh. v. Chr.) berücksichtigende Formulierung darstellt; in der entsprechenden Episode gelingt es Odysseus, sowohl dem Meeresungeheuer Skylla auf der einen als auch dem alles verschlingenden Strudel Charybdis auf der anderen Seite einer Meeresenge zu entkommen. Wer wollte da noch über Regen oder Traufe meckern!

Wände haben Ohren

Sprache, Reden und Schweigen

Die erste Quelle für dieses Sprichwort ist der Talmud, in dem von einer Beratung auf dem Feld die Rede ist, weil die Wände Ohren haben". Heute würden wir sagen: Das Feld ist, wenn im weiten Umkreis niemand ist, ein abhörsicherer Raum; allerdings wusste man schon im 13. Jahrhundert in England „Fields have eyes and woods have ears" (Felder haben Augen und Wälder Ohren). Es ist zu vermuten, dass sich dieses auf Neugier als menschliche Universalie und die unerklärliche Entstehung und Verbreitung von Gerüchten zielende Sprichwort in allen Sprachen findet. Hier einige Beispiele: „Walls have ears" sagt man in England, „Les murs ont des oreilles" in Frankreich, „I muri hanno orecchi" in Italien, „Las paredes tienen oidos" in Spanien, „S'ciany maja; uszy" in Polen (alle: Die Wände haben Ohren). In Russland klingt es ein wenig anders: „V stenkah uschi jest" (In den Wänden gibt es Ohren). Der Orient weiß es genauer: „Die Wände haben Mäuse, und die Mäuse haben Ohren" sagt man im Irak und poetischer formuliert ein persisches Sprichwort „Der Tag hat Augen und die Nacht hat Ohren".

Was du nicht willst, dass man dir tu', das füg' auch keinem andern zu

Gerechtigkeit und Vergeltung

„Lass ab vom Bösen, tue Gutes, suche Frieden und strebe ihm nach", dies ist die Botschaft des 34. Psalms, in der Moral und Ethik auf eine kurze Formel gebracht sind. Wie schwer sich das vernunftgeplagte, aufgeklärte Besitzbürgertum des 18. Jahrhunderts damit tat, Gutes zu tun, belegt unser o. a. Sprichwort bzw. die ihm zugrunde liegende philosophische Maxime, deren einfache, memorierbare Fassung es darstellt. Dies ist der sog. kategorische Imperativ Immanuel Kants (1724–1804), der in seiner bekanntesten Version so lautet: „Handle so, dass die Maxime deines Willens jederzeit zugleich als Prinzip einer allgemeinen Gesetzgebung gelten könnte." Als moralische Maxime verbindet er das individuelle Gewissen mit gesellschaftlichem Handeln, dem Kant sich vornehmlich in seiner *Kritik der praktischen Vernunft* (1788) widmete. Dieses Gebot klingt im Französischen ähnlich kompliziert: „Ne faites pas aux autres ce que vous ne voulez pas qu'on vous fasse à vous-mêmes" (Fügt anderen das nicht zu, von dem ihr nicht wollt, dass man es euch zufügt), im Englischen wird dagegen kurz und bündig formuliert: „Do as you would be done by" (Tue das, von dem du willst, dass man es dir antut). Die sprachliche Griffigkeit dieser Formel hat dazu geführt, dass im 19. Jahrhundert ein (nach heutigem Jargon) „Gutmensch" in England spöttisch als „Mr/Mrs Doasyouwouldbedoneby" bezeichnet wurde. Eine andere (und ältere) Fassung klingt dagegen biblischer: „Do unto others as you would they should do unto you" (Behandle die anderen so, wie du möchtest, dass sie dich behandeln). Beide englischen Fassungen formulieren ein Gebot. Ein entsprechendes italienisches Sprichwort formuliert, wie das französische, ein Verbot: „Non fare agli altri quello que non vorresti sia fatto a ti" (Nicht den anderen antun, von dem du nicht willst, dass man es auch dir antut).

Wenn du in Rom bist, handele wie ein Römer

Eigenes und Fremdes / Geografie

Sich anpassen können, ohne die eigene Identität aufzugeben, ist eine intellektuelle Leistung bzw. eine Kunst. Anpassung, zumal an fremde kulturelle Praktiken wie Verhalten und Sprache, ist eine oft schwierige Anforderung an den Charakter – zu groß ist meistens die Versuchung einer hierarchisierenden Bewertung des Fremden gegenüber dem Eigenen. Der Ursprung des Sprichworts scheint ein Brief des heiligen Augustinus (354–430) an Casulanus zu sein, in dem er sich ausführlich über das Fasten auslässt, dort heißt es gegen Ende „Wenn ich zu Rom bin, faste ich am Sabbat; und zu welcher Kirche ihr auch kommen möget, haltet euch an ihren Gebrauch, wenn ihr kein Ärgernis nehmen oder geben wollt." Das klingt sowohl im Englischen als auch im Französischen so einfach: „When in Rome, do as the Romans do" (Bist du in Rom, mach es wie die Römer), „Il faut vivre à Rome selon les coutumes romaines" (In Rom muss man gemäß den römischen Sitten leben), aber die Umsetzung ist schwierig – sei es wegen der kulturellen Distanz, sei es wegen des permanenten Vergleichs mit dem Gewohnten. Die Italiener haben es da leichter: „Quando a Roma vai, fa come vedrai" (Wenn du nach Rom gehst, mach, wie du es siehst), zudem gilt „Paese che vai, usanza che trovi" (Das Land, in das du gehst, die Gebräuche, die du findest). Dieser Rat findet sich auch in einem schwedischen Sprichwort: „Man ska ta seden dit man kommer" (Man soll die Sitten annehmen, wo man hinkommt).

Wenn man unter Wölfen ist, muss man mit ihnen heulen

Freund und Feind / Lebenskunst

Die hier bildlich vermittelte Botschaft zielt auf Anpassung und Konformität des eigenen Verhaltens innerhalb einer homogenen Gruppe, deren Mitglieder (vor allem moralisch) abweichendes Verhalten wohl nicht tolerieren werden. Je nach Perspektive, intern oder extern, ließe sich diese Haltung als pragmatisch bzw. klug oder als opportunistisch bzw. feige betrachten. Das in früheren Jahrhunderten (wenn auch fälschlicherweise) mit Lebensgefahr assoziierte Image der Wölfe – siehe Rotkäppchen – und die weite Verbreitung des Sprichworts legen die erstere Alternative nahe. In Italien sagt man „Chi va col lupo impara a urlare" (Wer mit dem Wolf geht, lernt zu heulen), in England „Who keeps company with wolves will learn to howl" (Wer mit den Wölfen lebt, wird das Heulen lernen), in Russland „S wolkami schit – po-woltschi wi't" (Mit Wölfen leben heißt, mit ihnen zu heulen). In Frankreich gibt es neben dem fast wortgleicheno „Il faut hurler avec les loups, si l'on veut courir avec eux" (Man muss mit den Wölfen heulen, wenn man mit ihnen laufen will) ein weiteres Sprichwort, das nicht so sehr auf Opportunismus und Anpassung zielt, sondern leicht zynisch die Verhaltensanpassung in Gruppen jenseits des Normalen kommentiert: „Avec les fols, il faut foller" (Bei den Narren muss man närrisch sein).

Wer anderen eine Grube gräbt, fällt selbst hinein

Gerechtigkeit und Vergeltung

Dieses Sprichwort erscheint in der zitierten sprachlichen Form im *Buch der Sprichwörter* (26,27) sowie in einigen Psalmen. Der Aussage liegt eine Fabel des griechischen Dichters Aesop (um 600 v. Chr.) zugrunde. Hier wird von einem sterbenden Löwen, einem betrügerischen Wolf und einem schlauen Fuchs erzählt – mit der Moral, dass oft der Betrüger das Opfer seines eigenen Betrugs wird. Die Gerechtigkeit Gottes als Ausdruck des Guten siegt über die böse Absicht. Sowohl die englische Version „The biter is sometimes bit" (Der Betrüger wird manchmal gebissen) als auch die französische „Tel est pris qui croyait prendre" (Derjenige wird gefangen, der zu fangen/nehmen glaubte) verzichten auf das Bild der Grube. Im Englischen ist „biter" (wörtlich „Beißer") ein Slangausdruck für den Betrüger. In beiden Versionen handelt es sich rhetorisch um eine Paronomasie (auch „Figura etymologica" genannt), die die Botschaft des Sprichworts transportiert: der gebissene Beißer, der betrogene Betrüger. Neben der zitierten Fassung existiert im Französischen auch eine wörtliche Übersetzung aus dem *Buch der Sprichwörter*: „Celui qui creuse une fosse y tombe." Auch die Schweden folgen dem biblischen Text wörtlich: „Den som gräver en grop åt andra faller ofta själv däri." Im Italienischen wird ein Graben ausgehoben: „Chi scava la fossa agli altri, la sua è vicina" (Wer anderen einen Graben gräbt, dessen eigener ist nahe), eine andere Fassung endet „… altri, vi cade dentro egli stesso" (… der fällt selbst hinein). In der Türkei verzichtet man auf das Bild von Schaufel und Erde und sagt „Gülme komsuna, gelir basina" (Wer den Nachbarn auslacht, wird dasselbe erleben). Etwas kriegerischer klingt eine armenische Version: „Der Pfeil, den du auf einen Gerechten schießt, wird zu dir zurückkehren." Der *Koran* hingegen ist sehr deutlich mit seiner Warnung: „Wer Böses tut, dem wird mit Bösem vergolten" (4,123).

Wer einmal lügt, dem glaubt man nicht, und wenn er auch die Wahrheit spricht

Wahrheit und Lüge

Hier wird eine Feststellung ausgesprochen, die dem Übeltäter/Lügner kategorisch die Rückkehr in die „Gesellschaft der Ehrlichen" verbaut. Es lässt sich die Lüge, wie Immanuel Kant es tat, als Prototyp eines Verstoßes gegen den kategorischen Imperativ – (→) „Was du nicht willst, dass man dir tu' …" – betrachten: Eine Gesellschaft kann nicht wollen, dass Lügen der kommunikative Normalfall ist. „Mendaci homini ne verum quidem dicenti creditur" (Dem Lügner glaubt man nicht, selbst wenn er die Wahrheit spricht) schrieb der römische Schriftsteller und Redner Cicero (106–43 v. Chr.) in seinem Dialog über das Wahrsagen. Die *Bibel* ist gnädiger, aber nur was die gesellschaftliche Ächtung angeht: „Lügnerische Lippen sind abscheulich vor dem Herrn" (*Buch der Sprichwörter,* 12,22), andererseits heißt es in Psalm 116 „Alle Menschen sind Lügner". Dennoch ist sich die Volksweisheit einig – in Frankreich sagt man „Un menteur n'est point écouté, même en disant la vérité" (Einem Lügner hört man nicht länger zu, selbst wenn er die Wahrheit spricht), in England „A liar is not believed when he speaks the truth" (Einem Lügner glaubt man nicht, wenn er die Wahrheit sagt), in Italien „Al bugiardo non è creduto il vero" (Dem Lügner glaubt man die Wahrheit nicht) und in Spanien „El que en mentira es cogido, cuando dice verdad no es creído" (Wer beim Lügen erwischt wird, dem wird nicht geglaubt, wenn er die Wahrheit sagt). Etwas allgemeiner formuliert man in Russland das Vergehen, auf das der Ausschluss aus der Gesellschaft folgt: „Kto segodnja obmanet, tomu zavtra ne poverjat" (Wer heute betrügt, dem wird morgen nicht getraut). Ein wenig Verständnis für das Lügen der Menschen blitzt in einem Sprichwort der Ashanti auf: „Der Mund selbst versteht nicht den Speichel."

Wer nicht wagt, der nicht gewinnt

Mut / Macht

„Dem Mutigen gehört die Welt“ hört man sagen, und „Übermut tut selten gut“ halten einige dagegen. „No risk no fun“ (Kein Risiko, kein Spaß) ist der englische, aber international gebräuchliche Leitspruch der Freeclimber, Tiefseetaucher, Steilwandskifahrer und etlicher Risikosportler (die inzwischen bei den Krankenkassen gesondert geführt werden), evtl. auch der Finanzmakler. „Nothing ventured, nothing gained“ (Nichts gewagt, nichts gewonnen) lautet das englische Sprichwort dazu, auf Französisch heißt es „Qui ne risque rien, n'a rien“ (Wer nichts riskiert, hat nichts). Die (ehemals) seefahrenden Spanier wissen noch immer „Quien no se arriesga, no pasa la mar“ (Wer nichts riskiert, wird das Meer nicht überqueren). Etliche Philosophen und Dichter haben die Mutigen und Kühnen bewundert, so offenbar auch Vergil (70–19 v. Chr.): „Audentes fortuna iuvat“ (Den Mutigen hilft das Glück). Hingegen sagt ein anderes Sprichwort „Patiens et fortis se ipsum felicem facit“ (Der Geduldige und der Tapfere machen ihr Glück selbst), und Publilius Syrus (etwa 1. Jh. v. Chr.) spottete gar: „Der Mutige triumphiert über die Gefahr, bevor er sie wahrgenommen hat.“ Im *Talmud* wird der Kühne so verehrt: „Die Kühnheit ist ein Königreich ohne Krone.“ Einen bemerkenswerten Beitrag zu diesem Thema leistet ein schottisches Sprichwort: „There is nothing so bold as a blind horse“ (Nichts ist so kühn wie ein blindes Pferd).

Wer Wind sät, wird Sturm ernten

Gut und Böse

Das in Hosea (8,7) (ein finsteres Kapitel, in dem der Prophet Gottes Zorn auf die das Goldene Kalb verehrenden Israeliten vorhersagt) zu findende biblische Sprichwort warnt vor den unabsehbaren Folgen falschen, weil gottlosen Tuns. Wind und Sturm waren im Vorderen Orient eine lebensbedrohliche Plage – Staub und Sand bedrohten Ernte und Wasserversorgung. In diesem Sprichwort werden die Arbeit (säen) und ihr Lohn (ernten) pervertiert zu destruktiven Handlungen, die ein strafender Gott auf den Menschen zurückkommen lässt. „He that sows the wind will reap the whirlwind" (Wer den Wind sät, wird den Wirbelwind ernten) – die englische Übersetzung des Bibelzitats ist lautlich eindrucksvoll durch die Alliteration des ‚w'; zudem ist der Wirbelwind noch zerstörerischer und unberechenbarer als der Sturm. Im *Buch der Sprichwörter* (1,27/28) heißt es: „Wenn eure Furcht kommt wie Verzweiflung und eure Zerstörung wie ein Wirbelsturm …, dann werden sie mich rufen, aber ich werde nicht antworten." Dieses Zitat beleuchtet die endzeitliche Dimension der Macht des Wirbelsturms. Das französische Sprichwort „Qui sème le vent récolte la tempête" ist gleichbedeutend mit der zitierten deutschen Fassung, daneben gibt es eine in der Aussage ähnliche Sentenz, die weniger bildlich, aber dafür lebensweltlich konkreter formuliert ist: „Celui qui sème l'injustice moissonne le malheur" (Wer Ungerechtigkeit sät, wird Unglück ernten). Die italienische Version „Chi semina vento, raccoglie tempesta" zeigt wie die spanische „Quien siembra vientos, recoge tempestades" und die (erste) französische deutlich die gemeinsame lateinische Etymologie (die Übersetzungen entsprechen der deutschen Fassung). Mit den Folgen des Sturms befasst sich ein persisches Sprichwort: „Wenn der Wind stürmisch weht, macht er alle Bäume zittern."

Wer zuerst kommt, mahlt zuerst

Recht und Ordnung

Diese „ordnungspolitische" Maxime des (landwirtschaftlichen) Lebens – in der Mühle wird das Getreide in der Reihenfolge der Anliefernden gemahlen – wird eigentlich von jedermann akzeptiert. Sie ist Ausdruck des römischen Prioritätsrechts „Prior tempore potior iure" (Je früher der Zeit nach, desto eher/besser dem Recht nach), das als Gewohnheitsrecht zum „Volksrecht" wird, und findet sich (mittelnieder)deutsch zuerst im *Sachsenspiegel* (etwa 1225). Die Franzosen sind konkreter bei der Nennung des situativen Bezugs: „Le premier au moulin premier engrène" (Der Erste in der Mühle schüttet als Erster [sein Korn] auf). Kurz und bündig sind dagegen die Engländer: „First come, first served" (Wer zuerst kommt, wird zuerst bedient). Während die frühere bei Geoffrey Chaucer (etwa 1343–1400) zu findende englische Version „He who first comes to the mill, grinds first" (Wer zuerst zur Mühle kommt, mahlt zuerst) noch die bäuerliche Lebenswelt spiegelt, verweist die oben zitierte spätere Fassung (Belege gibt es ab 1614) auf die sich abzeichnende urbane Dienstleistungsgesellschaft. Auch Italiener – „Chi primo arriva, primo macina" – und Spanier – „Quien primero viene primero muele" (beide: Wer zuerst kommt, mahlt zuerst) – bleiben im landwirtschaftlichen Kontext. Die italienische Abwandlung „Chi primo arriva meglio alloggia" (Wer zuerst kommt, wird besser untergebracht) klingt wie eine Mahnung an Reisende oder Gäste. Die russische Version „Ransche natschnösch – ransche okontschisch" (Früher begonnen – früher fertig) trifft die Aussage nur bedingt, da der juristische Aspekt des „potior iure" (besser im Recht) völlig fehlt; dafür steht das „gute Beginnen" im Vordergrund wie in „Dobroe natschalo – poldela otkatschalo" (Guter Anfang ist die halbe Tat).

Wie der Herr, so's Gescherr

Herr und Knecht

Zum „Geschirr“ zählten in der guten alten Zeit nicht nur Teller und Tassen des (weiblich geführten) Haushalts, sondern auch das (männlich konnotierte) Handwerkszeug, das der Hausherr/Meister für seine Arbeit benötigte. Verallgemeinernd wurde daraus bald die Übertragung des Benehmens und Habitus des Eigentümers eines Guts- bzw. Bauernhofs, aber auch einer Werkstatt oder eines Betriebs auf das soziale und geschäftliche Ambiente dort. Es galt demnach die Gleichung: schlampiger Herr/Meister = schlampiger Hof/Betrieb, ordentlicher Herr/Meister = ordentlicher Hof/Betrieb – da wird auch die lateinische Tradition „Qualis rex, talis grex“ (Wie der König, so die Herde) Einfluss gehabt haben. Diese Übertragung wird deutlich in der englischen Fassung „Like master, like man“ (Wie der Herr, so der Mann/Knecht). Etwas weniger neutral wird die Gleichung in Spanien gesehen: „Ruin señor cría ruin servidor“ (Schäbiger Herr macht schäbigen Diener). In Russland steht die Arbeit des Meisters im Vordergrund: „Kakov master, takova robota“ (Wie der Herr, so die Arbeit). Aufgrund der Bedeutung der Kirche für das ländliche Leben der Kleinbauern in Russland schaute man auch auf die Priester der orthodoxen Kirche und ihre Amtsführung in den Gemeinden; daher galt in den Weiten Russlands „Kakov pop, takov i prichod“ (Wie der Priester, so seine Gemeinde). Die französische Version betont die Analogie von Mensch und Haushalt: „À la maison se reconnaît le seigneur“ (An seinem Haus ist der Herr zu erkennen bzw. erkennt sich der Herr wieder); so auch ein libanesisches Sprichwort, das hier in französischer Sprache zitiert wird: „Ce que l'homme possède lui ressemble“ (Was der Mensch besitzt, ähnelt ihm).

Wissen ist Macht

Macht

Das Wissen des Menschen hat in seiner (belegten) Geschichte mehrere Phasen durchlaufen: Im alten Griechenland begann es mit dem Skeptizismus Sokrates' (469–399 v. Chr.), der sagte „Alles, was ich weiß, ist, dass ich nicht weiß", und wurde fortgeführt von dem vorsichtigen Optimismus Aristoteles' (384–322 v. Chr.), der bekannte „Wissen ist sich erinnern". Weiter ging es mit dem mittelalterlichen „Gefängnis" des Wissens, gipfelnd im Augustinus (354–430) zugeschriebenen „Credo quia absurdum est" (Ich glaube, weil es wider die Vernunft ist), und der „Befreiung" des Wissens durch Renaissance und Reformation, zugespitzt in der Aussage „Nam et ipsa scientia potestas est" (Denn die Wissenschaft selbst ist Macht). Die heutige Zeit zeichnet sich durch die immer schnellere Erweiterung und Überholung des Wissens aus, zudem gilt „Wissen ist Macht" in allen Sprachen. Hieß es in Frankreich eben noch „Vouloir, c'est pouvoir" (Wollen ist können), so heißt es nun „Savoir, c'est pouvoir" (Wissen ist können) und „Savoir pour prévoir, afin de pouvoir" (Wissen, um zu planen, um dann zu können). „Sapere è potere" (Wissen ist können) sagt man auch in Italien, und sogar „Val più saper che aver" (Zu wissen ist mehr wert, als zu haben). Das „Licht des Wissens" war ein beliebtes Bild der frühen Aufklärung, die sich damit vom „Dunkel" des Mittelalters, das im Englischen deswegen auch „the Dark Age" (das dunkle Zeitalter) genannt wird, abgrenzte. Dies war wohl auch in Russland bekannt: „Utschenje – svet, a neutschenje – tjma" (Wissen – Licht, Unwissen – finstere Nacht). Dass Wissen soziale Unterschiede begründet, war schon Aristoteles bekannt – immerhin war die Polis (der Stadtstaat) alles andere als eine Demokratie: „Es ist derselbe Unterschied zwischen den Wissenden und Unwissenden wie zwischen den Lebenden und Toten." Und ein arabisches Sprichwort wägt so ab: „Die Vermutung eines Wissenden ist begründeter als die Gewissheit eines Ignoranten."

Wo ein Wille ist, ist auch ein Weg

Mut

Nach Immanuel Kant (1724–1804) ist der Wille gleichzusetzen mit der praktischen Vernunft, d. h. dem Vermögen, in freier Entscheidung nach Gesetzen und Prinzipien zu handeln. „Wer den Willen hat, hat auch die Kraft" – „... diesen umzusetzen", möchte man das Sprichwort des Griechen Menander (etwa 342–290 v. Chr.) ergänzen. Denn zum Willen gehört auch die Stärke, ihn durchzusetzen. „Plus fait celui qui veut celui qui peut" (Mehr erreicht, wer das will, was er kann) sagen daher die Franzosen. So ist die Umsetzung des Willens nicht so einfach, wie uns das englische „Where there's a will, there's a way" (Wo ein Wille ist, gibt es einen Weg) glauben machen will, und schon gar nicht so einfach wie das französische „Vouloir, c'est pouvoir" (Wollen ist können), was man in Italien genauso sieht: „Volere è potere." Sehr viel skeptischer betrachtet man in Island die Macht des Willens: „Des Menschen Wille ist sein Paradies, aber er kann zu seiner Hölle werden." Auch in England kannte man diese beiden Seiten des Willens: „The will is a good son and an evil child" (Der Wille ist ein guter Sohn und ein böses Kind). Letzteres könnte der Fall werden, wenn Folgendes eintritt: „He who wills the end wills the means" (Wer das Ziel will, will auch die Mittel dazu).

A barking dog never bites
England | Erfahrung

Siehe (→) Hunde, die bellen, beißen nicht

A bird in the hand is worth two in the bush
England | Dummheit und Klugheit

Siehe (→) Besser den Spatz in der Hand als die Taube auf dem Dach

À bon gain qui se lève matin
Frankreich | Arbeit / Armut und Reichtum

Siehe (→) Morgenstund hat Gold im Mund

Absent le chat, les souris dansent
Frankreich | Recht und Ordnung

Siehe (→) Ist die Katze aus dem Haus, tanzen die Mäuse auf dem Tisch

A caballo regalado no se le miran los dientes
Spanien | Geld und Geschäft

Siehe (→) Dem geschenkten Gaul schaut man nicht ins Maul

Ach, des Armen Morgenstund hat für den Reichen Gold im Mund
Deutschland | Arbeit / Armut und Reichtum

Siehe (→) Morgenstund hat Gold im Mund

À cheval donné on ne regarde pas la bouche
Frankreich | Geld und Geschäft

Siehe (→) Dem geschenkten Gaul schaut man nicht ins Maul

Acqua cheta rompe i ponti
Italien | Schein und Sein / Menschen und Menschliches

Siehe (→) Stille Wasser gründen tief

A Dios rogando, y con el mazo dando
Spanien | Glaube, Gott und Religion

Siehe (→) Hilf dir selbst, dann hilft dir Gott

Adversus necessitatem ne dii quidem resistunt
Aus dem Lateinischen | Alltag / Lebenskunst

Siehe (→) Not macht erfinderisch

A falta de pan, buenas son tortas
Spanien | Alltag / Armut und Reichtum

Siehe (→) In der Not frisst der Teufel Fliegen

Afortunado en el juego, desgraciado en amores
Spanien | Liebe und Ehe / Glück und Unglück

Siehe (→) Glück im Spiel, Pech in der Liebe

A friend in need is a friend indeed
England | Freund und Feind / Glück und Unglück

Siehe (→) Den Freund erkennt man in der Not

After black clouds, clear weather
England | Alltag

Siehe (→) Auf Regen folgt Sonne

A good conscience is a soft pillow
England | Ehre und Ansehen

Siehe (→) Ein gutes Gewissen ist ein sanftes Ruhekissen

A good conscience is continual Christmas
England | Ehre und Ansehen

Siehe (→) Ein gutes Gewissen ist ein sanftes Ruhekissen

A good name is better than riches
England | Ehre und Ansehen

Siehe (→) Ein guter Name ist besser als Geld

Aide-toi, le Ciel t'aidera
Frankreich | Glaube, Gott und Religion

Siehe (→) Hilf dir selbst, dann hilft dir Gott

Aise fait le larron
Frankreich | Dummheit und Klugheit

Siehe (→) Gelegenheit macht Diebe

À la maison se reconnaît le seigneur
Frankreich | Herr und Knecht

Siehe (→) Wie der Herr, so's Gescherr

Al bisogno si conosce l'amico
Italien | Freund und Feind / Glück und Unglück

Siehe (→) Den Freund erkennt man in der Not

Al bugiardo non è creduto il vero
Italien | Wahrheit und Lüge

Siehe (→) Wer einmal lügt, dem glaubt man nicht, und wenn er auch die Wahrheit spricht

Al hierro caliente, batir de repente
Spanien | Erfahrung

Siehe (→) Man muss das Eisen schmieden, solange es heiß ist

A liar is not believed when he speaks the truth
England | Wahrheit und Lüge

Siehe (→) Wer einmal lügt, dem glaubt man nicht, und wenn er auch die Wahrheit spricht

A lie has no legs
England | Erfahrung / Wahrheit und Lüge

Siehe (→) Lügen haben kurze Beine

A lie stands on one leg, and truth on two
England | Erfahrung / Wahrheit und Lüge

Siehe (→) Lügen haben kurze Beine

Alle Menschen sind Lügner
Aus der Bibel | Wahrheit und Lüge

Siehe (→) Wer einmal lügt, dem glaubt man nicht, und wenn er auch die Wahrheit spricht

Alles ist gut, das zu seiner Zeit kommt
Aus dem Altgriechischen | Erfahrung

Siehe (→) Man muss das Eisen schmieden, solange es heiß ist

Alles, was ich weiß, ist, dass ich nicht weiß
Aus dem Altgriechischen | Macht

Siehe (→) Wissen ist Macht

All's well that ends well
England | Lebenskunst / Zeit

Siehe (→) Ende gut, alles gut

All that glitters is not gold
England | Schein und Sein

Siehe (→) Es ist nicht alles Gold, was glänzt

All things come to those who wait
England | Lebenskunst / Zeit

Siehe (→) Eile mit Weile

All'ultimo tocca il peggio
Italien | Glück und Unglück

Siehe (→) Den Letzten beißen die Hunde

Altissima quaeque flumina minimo sono labuntur
Aus dem Lateinischen | Schein und Sein / Menschen und Menschliches

Siehe (→) Stille Wasser gründen tief

Al último siempre le muerde el perro
Spanien | Glück und Unglück

Siehe (→) Den Letzten beißen die Hunde

Am ersten Abend wachen alle, am zweiten der Yogi, am dritten der Dieb
Indien | Dummheit und Klugheit

Siehe (→) Gelegenheit macht Diebe

An idle person is the devil's cushion
England | Fleiß und Faulheit

Siehe (→) Müßiggang ist aller Laster Anfang

Any, good Lord, before none
England | Alltag / Armut und Reichtum

Siehe (→) In der Not frisst der Teufel Fliegen

Any port in a storm
England | Alltag / Armut und Reichtum

Siehe (→) In der Not frisst der Teufel Fliegen

Appearances are deceitful
England | Schein und Sein

Siehe (→) Die Kutte macht keinen Mönch

Après la pluie, le beau temps
Frankreich | Alltag

Siehe (→) Auf Regen folgt Sonne

A prophet is not without honour save in his own country
England | Dummheit und Klugheit / Eigenes und Fremdes

Siehe (→) Der Prophet gilt nichts im eigenen Land

A quien madruga, Dios le ayuda
Spanien | Arbeit / Armut und Reichtum

Siehe (→) Morgenstund hat Gold im Mund

À qui il arrive un malheur, il en advient un autre
Frankreich | Schicksal

Siehe (→) Vom Regen in die Traufe kommen

As a man is, so is his company
England | Ehre und Ansehen / Menschen und Menschliches

Siehe (→) Sage mir, mit wem du umgehst, und ich sage dir, wer du bist

Asino che ha fame mangia d'ogni strame
Italien | Alltag / Armut und Reichtum

Siehe (→) In der Not frisst der Teufel Fliegen

A tree is known by its fruit
England | Schein und Sein

Siehe (→) An seinen Früchten erkennt man den Baum

Au besoin on connaît l'ami
Frankreich | Freund und Feind / Glück und Unglück

Siehe (→) Den Freund erkennt man in der Not

Auch Götter und Feen irren sich
China | Menschen und Menschliches

Siehe (→) Irren ist menschlich

Audentes fortuna iuvat
Aus dem Lateinischen | Mut / Macht

Siehe (→) Wer nicht wagt, der nicht gewinnt

Audentes fortuna iuvat
Aus dem Lateinischen | Dummheit und Klugheit / Glück und Unglück

Siehe (→) Die dümmsten Bauern haben die dicksten Kartoffeln

Auf dem Weg, auf dem du keine Angst hast, wird das Raubtier dich überraschen
Ghana | Dummheit und Klugheit

Siehe (→) Gelegenheit macht Diebe

Aurora quia habet aurum in ore
Ghana | Arbeit / Armut und Reichtum

Siehe (→) Morgenstund hat Gold im Mund

Au royaume des aveugles le borgne est roi
Frankreich | Lebenskunst

Siehe (→) Unter den Blinden ist der Einäugige König

Außer meinem Vater und meiner Mutter lügt die ganze Welt
Nordafrika | Erfahrung / Wahrheit und Lüge

Siehe (→) Lügen haben kurze Beine

Autant de têtes, autant d'avis
Frankreich | Gesellschaft

Siehe (→) So viele Köpfe, so viele Sinne

Avec les fols, il faut foller
Frankreich | Freund und Feind / Lebenskunst

Siehe (→) Wenn man unter Wölfen ist, muss man mit ihnen heulen

Ayúdate tu, y Dios te ayudará
Spanien | Glaube, Gott und Religion

Siehe (→) Hilf dir selbst, dann hilft dir Gott

Barba non facit philosophum
Aus dem Lateinischen | Schein und Sein

Siehe (→) Es ist nicht alles Gold, was glänzt

Barba non facit philosophum, neque vile gerere pallium
Aus dem Lateinischen | Schein und Sein

Siehe (→) Die Kutte macht keinen Mönch

Barking dogs seldom bite
England | Erfahrung

Siehe (→) Hund, die bellen, beißen nicht

Beda bedu rodit
Russland | Schicksal

Siehe (→) Vom Regen in die Traufe kommen

Beggars cannot be choosers
England | Alltag / Armut und Reichtum

Siehe (→) In der Not frisst der Teufel Fliegen

Bei den Menschen sind die einen die Kieselsteine, die anderen die Edelsteine
Indien | Gleichheit und Gegensatz

Siehe (→) Gleich und Gleich gesellt sich gern

Bei der Ernte sind Freunde gern bei dir, aber im Sommer verschwinden sie
Neuseeland | Freund und Feind / Glück und Unglück

Siehe (→) Den Freund erkennt man in der Not

Bevor der schlechte Baum zugrunde geht, bringt er satanische Früchte hervor
Indien | Gut und Böse

Siehe (→) Unkraut vergeht nicht

Bez bedi druga ne uznajesch
Russland | Freund und Feind / Glück und Unglück

Siehe (→) Den Freund erkennt man in der Not

Bez deneg kreptsche spitsja
Russland | Glück und Unglück / Armut und Reichtum

Siehe (→) Geld macht nicht glücklich

Bien des erreurs sont nées d'une vérité dont on abuse
Frankreich | Menschen und Menschliches

Siehe (→) Irren ist menschlich

Birds of a feather flock together
England | Gleichheit und Gegensatz

Siehe (→) Gleich und Gleich gesellt sich gern

Bitij pes knuta boitsa
Russland | Erfahrung

Siehe (→) Gebranntes Kind scheut das Feuer

Bitte den Himmel um eine gute Ernte und arbeite weiter
Slowenien | Glaube, Gott und Religion

Siehe (→) Hilf dir selbst, dann hilft dir Gott

Bog ljubit troizu
Russland | Alltag / Recht und Ordnung

Siehe (→) Aller guten Dinge sind drei

Bonne renommée vaut mieux que ceinture dorée
Frankreich | Ehre und Ansehen

Siehe (→) Ein guter Name ist besser als Geld

Bo ostatnich gryza; psy
Polen | Glück und Unglück

Siehe (→) Den Letzten beißen die Hunde

Cane che abbaia non morde
Italien | Erfahrung

Siehe (→) Hunde, die bellen, beißen nicht

Cane non mangia cane
Italien | Ehre und Ansehen

Siehe (→) Eine Krähe hackt der anderen kein Auge aus

Cane scottato dall'acqua calda ha paura della fredda
Italien | Erfahrung

Siehe (→) Gebranntes Kind scheut das Feuer

Celui qui creuse une fosse y tombe
Frankreich | Gerechtigkeit und Vergeltung

Siehe (→) Wer anderen eine Grube gräbt, fällt selbst hinein

Celui qui sème l'injustice moissonne le malheur
Frankreich | Gut und Böse

Siehe (→) Wer Wind sät, wird Sturm ernten

Ce que l'homme possède lui ressemble
Frankreich | Herr und Knecht

Siehe (→) Wie der Herr, so's Gescherr

C'est au fruit que l'on connaît l'arbre
Frankreich | Schein und Sein

Siehe (→) An seinen Früchten erkennt man den Baum

Chat échaudé craint l'eau froid
Frankreich | Erfahrung

Siehe (→) Gebranntes Kind scheut das Feuer

Chi ha fortuna in amor, non giocho a carte
Italien | Liebe und Ehe / Glück und Unglück

Siehe (→) Glück im Spiel, Pech in der Liebe

Chi ha fretta vada adagio
Italien | Lebenskunst / Zeit

Siehe (→) Eile mit Weile

Chi primo arriva meglio alloggia
Italien | Recht und Ordnung

Siehe (→) Wer zuerst kommt, mahlt zuerst

Chi primo arriva, primo macina
Italien | Recht und Ordnung

Siehe (→) Wer zuerst kommt, mahlt zuerst

Chi s'aiuta, Dio l'aiuta
Italien | Glaube, Gott und Religion

Siehe (→) Hilf dir selbst, dann hilft dir Gott

Chi scava la fossa agli altri, la sua è vicina
Italien | Gerechtigkeit und Vergeltung

Siehe (→) Wer anderen eine Grube gräbt, fällt selbst hinein

Chi scava la fossa agli altri, vi cade dentro egli stesso
Italien | Gerechtigkeit und Vergeltung

Siehe (→) Wer anderen eine Grube gräbt, fällt selbst hinein

Chi semina vento, raccoglie tempesta
Italien | Gut und Böse

Siehe (→) Wer Wind sät, wird Sturm ernten

Chi va col lupo impara a urlare
Italien | Freund und Feind / Lebenskunst

Siehe (→) Wenn man unter Wölfen ist, muss man mit ihnen heulen

Chi va piano, va sano e va lontano
Italien | Lebenskunst / Zeit

Siehe (→) Eile mit Weile

Come è il padre, tale è il figlio
Italien | Kinder und Familie

Siehe (→) Der Apfel fällt nicht weit vom Stamm

Corsaire à corsaire – l'un l'autre s'attaquant ne font pas leurs affaires
Frankreich | Ehre und Ansehen

Siehe (→) Eine Krähe hackt der anderen kein Auge aus

Credo quia absurdum est
Aus dem Lateinischen | Macht

Siehe (→) Wissen ist Macht

Cuando el gato no està, los ratones bailan
Spanien | Recht und Ordnung

Siehe (→) Ist die Katze aus dem Haus, tanzen die Mäuse auf dem Tisch

Cucullus non facit monachum
Aus dem Lateinischen | Schein und Sein

Siehe (→) Die Kutte macht keinen Mönch

Cui licitus est finis, etiam licent media
Aus dem Lateinischen | Recht und Ordnung

Siehe (→) Der Zweck heiligt die Mittel

Cum igitur tanta vis iustitiae sit, ut ea etiam latronum opes firmet atque augeat
Aus dem Lateinischen | Ehre und Ansehen

Siehe (→) Eine Krähe hackt der anderen kein Auge aus

Cum tacent clamant
Aus dem Lateinischen | Sprache, Reden und Schweigen

Siehe (→) Reden ist Silber, Schweigen ist Gold

Dal frutto conosce l'albero
Italien | Schein und Sein

Siehe (→) An seinen Früchten erkennt man den Baum

Das Gewissen ist das Licht der Vernunft zur Unterscheidung von Gut und Böse
China | Ehre und Ansehen

Siehe (→) Ein gutes Gewissen ist ein sanftes Ruhekissen

Das Gewissen ist die Stimme Gottes selbst in uns
Aus dem Altgriechischen | Ehre und Ansehen

Siehe (→) Ein gutes Gewissen ist ein sanftes Ruhekissen

Das Glück und die Frauen mögen Narren am liebsten
Norwegen | Dummheit und Klugheit / Glück und Unglück

Siehe (→) Die dümmsten Bauern haben die dicksten Kartoffeln

Das letzte Rebhuhn, das auffliegt, erhält den Schlag
Westafrika | Glück und Unglück

Siehe (→) Den Letzten beißen die Hunde

Das Schwierige ist die Wurzel des Leichten, die Ruhe ist der Meister der Bewegung
China | Schein und Sein / Menschen und Menschliches

Siehe (→) Stille Wasser gründen tief

De gustibus et coloribus non est disputandum
Aus dem Lateinischen | Essen und Trinken / Lebenskunst

Siehe (→) Über Geschmack soll man nicht streiten

Dei gusti non si discute
Italien | Essen und Trinken / Lebenskunst

Siehe (→) Über Geschmack soll man nicht streiten

Del dicho al hecho hay mucho trecho
Spanien | Arbeit

Siehe (→) Leichter gesagt als getan

Den som gräver en grop åt andra faller ofta själv däri
Schweden | Gerechtigkeit und Vergeltung

Siehe (→) Wer anderen eine Grube gräbt, fällt selbst hinein

Der Abwesende entfernt sich jeden Tag mehr
Japan | Menschen und Menschliches

Siehe (→) Aus den Augen, aus dem Sinn

Der Brahmane mit großem Ansehen benötigt keine heilige Kette
Indien | Ehre und Ansehen

Siehe (→) Ein guter Name ist besser als Geld

Der Duft meines Sohnes ist wie der Duft eines Feldes, das von Jahwe gesegnet ist
Aus der Bibel | Kinder und Familie

Siehe (→) Der Apfel fällt nicht weit vom Stamm

Der Esel fängt erst dann zu schwimmen an, wenn ihm das Wasser bis an die Ohren reicht
Serbien | Alltag / Lebenskunst

Siehe (→) Not macht erfinderisch

Der gute Ruf ist mehr wert als großer Reichtum, und das Ansehen hat einen höheren Preis als Geld oder Gold
Aus der Bibel | Ehre und Ansehen

Siehe (→) Ein guter Name ist besser als Geld

Der Löwe schläft mit seinen Zähnen
Nigeria | Dummheit und Klugheit

Siehe (→) Gelegenheit macht Diebe

Der Mensch ist der Sohn des Irrtums
Aus dem Arabischen | Menschen und Menschliches

Siehe (→) Irren ist menschlich

Der Mund selbst versteht nicht den Speichel
Westafrika | Wahrheit und Lüge

Siehe (→) Wer einmal lügt, dem glaubt man nicht, und wenn er auch die Wahrheit spricht

Der Mutige triumphiert über die Gefahr, bevor er sie wahrgenommen hat
Aus dem Altgriechischen | Mut / Macht

Siehe (→) Wer nicht wagt, der nicht gewinnt

Der Pfeil, den du auf einen Gerechten schießt, wird zu dir zurückkehren
Armenien | Gerechtigkeit und Vergeltung

Siehe (→) Wer anderen eine Grube gräbt, fällt selbst hinein

Der Priester aus einem fernen Land gestaltet das Ritual besser
China | Dummheit und Klugheit / Eigenes und Fremdes

Siehe (→) Der Prophet gilt nichts im eigenen Land

Der Prophet gilt nirgends weniger als in seinem Vaterland und in seinem Haus
Aus der Bibel | Dummheit und Klugheit / Eigenes und Fremdes

Siehe (→) Der Prophet gilt nichts im eigenen Land

Der Schein trügt
Deutschland | Schein und Sein

Siehe (→) Die Kutte macht keinen Mönch

Der Tag hat Augen und die Nacht hat Ohren
Aus dem Persischen | Sprache, Reden und Schweigen

Siehe (→) Wände haben Ohren

Der Thyrsusträger sind viele, doch echter Begeisterter wenige
Aus dem Altgriechischen | Schein und Sein

Siehe (→) Es ist nicht alles Gold, was glänzt

Der Vagabund wird König außerhalb seiner Stadt
Aus dem Babylonischen | Dummheit und Klugheit / Eigenes und Fremdes

Siehe (→) Der Prophet gilt nichts im eigenen Land

Des Menschen Wille ist sein Paradies, aber er kann zu seiner Hölle werden
Island | Mut

Siehe (→) Wo ein Wille ist, ist auch ein Weg

Die Faulen regen sich am Abend
Deutschland | Arbeit / Armut und Reichtum

Siehe (→) Morgenstund hat Gold im Mund

Die ganze Welt wird vom Teufel gelockt, aber der Müßige lockt den Teufel
Türkei | Fleiß und Faulheit

Siehe (→) Müßiggang ist aller Laster Anfang

Die Gegenwart allein ist unser Glück
Deutschland | Menschen und Menschliches

Siehe (→) Aus den Augen, aus dem Sinn

Die Herzen, die sich am nächsten sind, sind nicht diejenigen, die sich berühren
China | Menschen und Menschliches

Siehe (→) Aus den Augen, aus dem Sinn

Die Kühnheit ist ein Königreich ohne Krone
Aus dem Talmud | Mut / Macht

Siehe (→) Wer nicht wagt, der nicht gewinnt

Die Lüge hat keine Füße
Aus dem Hebräischen | Erfahrung / Wahrheit und Lüge

Siehe (→) Lügen haben kurze Beine

Die Rose hat den Dorn als Freund
Afghanistan | Gleichheit und Gegensatz

Siehe (→) Gegensätze ziehen sich an

Die Sprache der Gerechten ist wie feinstes Silber
Aus der Bibel | Sprache, Reden und Schweigen

Siehe (→) Reden ist Silber, Schweigen ist Gold

Die Vermutung eines Wissenden ist begründeter als die Gewissheit eines Ignoranten
Aus dem Arabischen | Macht

Siehe (→) Wissen ist Macht

Die Wände haben Mäuse und die Mäuse haben Ohren
Irak | Sprache, Reden und Schweigen

Siehe (→) Wände haben Ohren

Die Worte des Herrn sind reine Worte wie Silber, das in einem irdenen Ofen siebenmal gereinigt wurde
Aus der Bibel | Sprache, Reden und Schweigen

Siehe (→) Reden ist Silber, Schweigen ist Gold

Die Zeit wird der Herr dessen sein, der keinen Herrn hat
Aus dem Arabischen | Lebenskunst / Zeit

Siehe (→) Die Zeit heilt alle Wunden

Dis-moi qui tu hantes, je te dirai qui tu es
Frankreich | Ehre und Ansehen / Menschen und Menschliches

Siehe (→) Sage mir, mit wem du umgehst, und ich sage dir, wer du bist

Do as you would be done by
England | Gerechtigkeit und Vergeltung

Siehe (→) Was du nicht willst, dass man dir tu', das füg' auch keinem andern zu

Dobraja sowest' ne boitja klewet
Russland | Ehre und Ansehen

Siehe (→) Ein gutes Gewissen ist ein sanftes Ruhekissen

Dobroe natschalo – poldela otkatschalo
Russland | Recht und Ordnung

Siehe (→) Wer zuerst kommt, mahlt zuerst

Dobromn bog pomogajet
Russland | Glaube, Gott und Religion

Siehe (→) Hilf dir selbst, dann hilft dir Gott

Dog does not eat dog
England | Ehre und Ansehen

Siehe (→) Eine Krähe hackt der anderen kein Auge aus

Don't count your chickens before they are hatched
England | Zeit / Dummheit und Klugheit

Siehe (→) Man soll den Tag nicht vor dem Abend loben

Dopo la neve, buon tempo viene
Italien | Alltag

Siehe (→) Auf Regen folgt Sonne

Do unto others as you would they should do unto you
England | Gerechtigkeit und Vergeltung

Siehe (→) Was du nicht willst, dass man dir tu', das füg' auch keinem andern zu

Du dit au fait il y a un grand trait
Frankreich | Arbeit

Siehe (→) Leichter gesagt als getan

Durakam tol'ko v skazkah vezot
Russland | Dummheit und Klugheit / Glück und Unglück

Siehe (→) Die dümmsten Bauern haben die dicksten Kartoffeln

Durch viele Schläge fällt man die Eiche
Aus dem Altgriechischen | Arbeit / Geschichte / Zeit

Siehe (→) Rom wurde nicht an einem Tag erbaut

Durch viel Müßiggang zerfällt das Gebäude und das Haus zerrinnt durch müßige Hände
Aus der Bibel | Fleiß und Faulheit

Siehe (→) Müßiggang ist aller Laster Anfang

Early to bed and early to rise, makes a man healthy and wealthy and wise
England | Arbeit / Armut und Reichtum

Siehe (→) Morgenstund hat Gold im Mund

Easier said than done
England | Arbeit

Siehe (→) Leichter gesagt als getan

East is East and West is West and never shall the twain meet
England | Gleichheit und Gegensatz

Siehe (→) Gegensätze ziehen sich an

Eine gute Quelle erkennt man in der Trockenzeit und einen guten Freund im Unglück
China | Freund und Feind / Glück und Unglück

Siehe (→) Den Freund erkennt man in der Not

Eine sanfte Hand lenkt den Elefanten mit einem Haar
Aus dem Persischen | Dummheit und Klugheit / Menschen und Menschliches

Siehe (→) Mit Speck fängt man Mäuse

Ein jeder trage des anderen Last
Aus der Bibel | Geld und Geschäft

Siehe (→) Eine Hand wäscht die andere

Ein jegliches hat seine Zeit, und jeder Zweck unter dem Himmel hat seine Stunde
Aus der Bibel | Erfahrung

Siehe (→) Man muss das Eisen schmieden, solange es heiß ist

Ein passendes Wort ist wie ein goldener Apfel auf silbernen Bildern
Aus der Bibel | Sprache, Reden und Schweigen

Siehe (→) Reden ist Silber, Schweigen ist Gold

Ein Unglück kommt selten allein
Deutschland | Schicksal

Siehe (→) Vom Regen in die Traufe kommen

Ein Vogel in der Suppe ist besser als ein Adlernest in der Wüste
China | Dummheit und Klugheit

Siehe (→) Besser den Spatz in der Hand als die Taube auf dem Dach

El fin corona la obra
Spanien | Lebenskunst / Zeit

Siehe (→) Ende gut, alles gut

El hombre propone y Dios dispone
Spanien | Glaube, Gott und Religion

Siehe (→) Der Mensch denkt, Gott lenkt

El que en mentira es cogido, cuando dice verdad no es creído
Spanien | Wahrheit und Lüge

Siehe (→) Wer einmal lügt, dem glaubt man nicht, und wenn er auch die Wahrheit spricht

En el peligro se connoce al amigo
Spanien | Freund und Feind / Glück und Unglück

Siehe (→) Den Freund erkennt man in der Not

En l'absence du seigneur se connaît le serviteur
Frankreich | Recht und Ordnung

Siehe (→) Ist die Katze aus dem Haus, tanzen die Mäuse auf dem Tisch

En svala gör ingen sommar
Schweden | Regel und Ausnahme

Siehe (→) Eine Schwalbe macht noch keinen Sommer

En tierra de ciegos, el tuerto es rey
Spanien | Lebenskunst

Siehe (→) Unter den Blinden ist der Einäugige König

Equi donati dentes non inspiciuntur
Aus dem Lateinischen | Geld und Geschäft

Siehe (→) Dem geschenkten Gaul schaut man nicht ins Maul

Errare humanum est, in errore perseverare stultum
Aus dem Lateinischen | Menschen und Menschliches

Siehe (→) Irren ist menschlich

Es gibt nichts Schöneres zu hören als die Worte eines Vaters, der seinen Sohn preist
Aus dem Altgriechischen | Kinder und Familie

Siehe (→) Der Apfel fällt nicht weit vom Stamm

Es irrt der Mensch, solang er strebt
Deutschland | Menschen und Menschliches

Siehe (→) Irren ist menschlich

Es ist derselbe Unterschied zwischen den Wissenden und Unwissenden wie zwischen den Lebenden und Toten
Aus dem Altgriechischen | Macht

Siehe (→) Wissen ist Macht

Es regnet Bindfäden/ Schusterjungen/junge Hunde
Deutschland | Alltag

Siehe (→) Auf Regen folgt Sonne

Exceptio probat regulam
Aus dem Lateinischen | Regel und Ausnahme

Siehe (→) Keine Regel ohne Ausnahme

Extremes meet
England | Gleichheit und Gegensatz

Siehe (→) Gegensätze ziehen sich an

Faute de grives, on mange des merles
Frankreich | Alltag / Armut und Reichtum

Siehe (→) In der Not frisst der Teufel Fliegen

Fehlendes Pulver macht aus einem Gewehr einen Stock
Westafrika | Alltag / Armut und Reichtum

Siehe (→) In der Not frisst der Teufel Fliegen

Festina lente
Aus dem Lateinischen | Lebenskunst / Zeit

Siehe (→) Eile mit Weile

Fields have eyes and woods have ears
England | Sprache, Reden und Schweigen

Siehe (→) Wände haben Ohren

Finis coronat opus
Aus dem Lateinischen | Lebenskunst / Zeit

Siehe (→) Ende gut, alles gut

Finis sanctificat media
Aus dem Lateinischen | Recht und Ordnung

Siehe (→) Der Zweck heiligt die Mittel

First come, first served
England | Recht und Ordnung

Siehe (→) Wer zuerst kommt, mahlt zuerst

Fit fabricando faber
Aus dem Lateinischen | Arbeit

Siehe (→) Leichter gesagt als getan

Fly pride, says the peacock
England | Erfahrung / Menschen und Menschliches

Siehe (→) Hochmut kommt vor dem Fall

Forbidden fruit is sweet
England | Essen und Trinken / Eigenes und Fremdes

Siehe (→) Verbotene Früchte sind süß

Fortes dei adiuvant
Aus dem Lateinischen | Glaube, Gott und Religion

Siehe (→) Hilf dir selbst, dann hilft dir Gott

Fortuna al gioco, sfortuna in amor
Italien | Liebe und Ehe / Glück und Unglück

Siehe (→) Glück im Spiel, Pech in der Liebe

Fortuna caeca est
Aus dem Lateinischen | Dummheit und Klugheit / Glück und Unglück

Siehe (→) Die dümmsten Bauern haben die dicksten Kartoffeln

Fortune favours fools
England | Dummheit und Klugheit / Glück und Unglück

Siehe (→) Die dümmsten Bauern haben die dicksten Kartoffeln

Für die Hochmütigen ist kein Platz im Paradies
Aus dem Koran | Erfahrung / Menschen und Menschliches

Siehe (→) Hochmut kommt vor dem Fall

Gato escaldado del agua fría huye
Spanien | Alltag / Erfahrung

Siehe (→) Gebranntes Kind scheut das Feuer

Gayeler araçlari yasal kilar
Türkei | Recht und Ordnung

Siehe (→) Der Zweck heiligt die Mittel

Gegensätze stimmen überein, und Missklang bringt die schönste Harmonie hervor
Aus dem Altgriechischen | Gleichheit und Gegensatz

Siehe (→) Gegensätze ziehen sich an

Gestohlenes Wasser ist süß, und heimlich gegessenes Brot schmeckt gut
Aus der Bibel | Essen und Trinken / Eigenes und Fremdes

Siehe (→) Verbotene Früchte sind süß

Gleichheit existiert nicht auf, sondern unter der Erde
Deutschland | Gleichheit und Gegensatz

Siehe (→) Gleich und Gleich gesellt sich gern

Glupost' – bede sosed
Russland | Alltag / Lebenskunst

Siehe (→) Not macht erfinderisch

God helps those who help themselves
England | Glaube, Gott und Religion

Siehe (→) Hilf dir selbst, dann hilft dir Gott

Good taste is the excuse I have given for leading such a bad life
England | Essen und Trinken / Lebenskunst

Siehe (→) Über Geschmack soll man nicht streiten

Good things come in threes
England | Alltag / Recht und Ordnung

Siehe (→) Aller guten Dinge sind drei

Gott liebt die Ausdauernden
Aus dem Koran | Arbeit / Geschichte / Zeit

Siehe (→) Rom wurde nicht an einem Tag erbaut

Gott sieht den Blinden so, wie der Blinde Gott sieht
Armenien | Lebenskunst / Menschen und Menschliches

Siehe (→) Unter den Blinden ist der Einäugige König

Herkules wurde auch nicht in einer einzigen Nacht gezeugt
Aus dem Altgriechischen | Arbeit / Geschichte / Zeit

Siehe (→) Rom wurde nicht an einem Tag erbaut

Herşeyin bir zamanı var
Türkei | Erfahrung

Siehe (→) Man muss das Eisen schmieden, solange es heiß ist

He that sows the wind will reap the whirlwind
England | Gut und Böse

Siehe (→) Wer Wind sät, wird Sturm ernten

Heureux au jeu, malheureux en amour
Frankreich | Liebe und Ehe / Glück und Unglück

Siehe (→) Glück im Spiel, Pech in der Liebe

He who wills the end wills the means
England | Mut

Siehe (→) Wo ein Wille ist, ist auch ein Weg

Hochmut geht der Zerstörung voraus, und Stolz kommt vor dem Fall
Aus der Bibel | Erfahrung / Menschen und Menschliches

Siehe (→) Hochmut kommt vor dem Fall

Hochmut ist das Privileg der Dummköpfe
Aus dem Altgriechischen | Erfahrung / Menschen und Menschliches

Siehe (→) Hochmut kommt vor dem Fall

Hochmut ist die Verachtung all dessen, was man selbst nicht hat
Aus dem Altgriechischen | Erfahrung / Menschen und Menschliches

Siehe (→) Hochmut kommt vor dem Fall

Homo proponit, sed deus disponit
Aus dem Lateinischen | Glaube, Gott und Religion

Siehe (→) Der Mensch denkt, Gott lenkt

Honesta turpitudo est pro causa bona
Aus dem Lateinischen | Recht und Ordnung

Siehe (→) Der Zweck heiligt die Mittel

Honey catches more flies than vinegar
England | Dummheit und Klugheit / Menschen und Menschliches

Siehe (→) Mit Speck fängt man Mäuse

Honey is sweet, but the bee stings
England | Dummheit und Klugheit / Menschen und Menschliches

Siehe (→) Mit Speck fängt man Mäuse

Humanum fuit errare, diabolicum est per animositatem in errore manere
Aus dem Lateinischen | Menschen und Menschliches

Siehe (→) Irren ist menschlich

I de blindas rike är den enögde kung
Schweden | Lebenskunst

Siehe (→) Unter den Blinden ist der Einäugige König

Idleness is the mother of poverty
England | Fleiß und Faulheit

Siehe (→) Müßiggang ist aller Laster Anfang

Idleness is the root of all evil
England | Fleiß und Faulheit

Siehe (→) Müßiggang ist aller Laster Anfang

I frutti proibiti sono i più dolci
Italien | Essen und Trinken / Eigenes und Fremdes

Siehe (→) Verbotene Früchte sind süß

I have the simplest taste I am always satisfied with the best
England | Essen und Trinken / Lebenskunst

Siehe (→) Über Geschmack soll man nicht streiten

Il faut avoir de l'âme pour avoir du goût
Frankreich | Essen und Trinken / Lebenskunst

Siehe (→) Über Geschmack soll man nicht streiten

Il faut hurler avec les loups, si l'on veut courir avec eux
Frankreich | Freund und Feind / Lebenskunst

Siehe (→) Wenn man unter Wölfen ist, muss man mit ihnen heulen

Il faut, quand on agit, se conformer aux règles, et quand on juge, avoir égard aux exceptions
Frankreich | Regel und Ausnahme

Siehe (→) Keine Regel ohne Ausnahme

Il faut vivre à Rome selon les coutumes romaines
Frankreich | Eigenes und Fremdes / Geografie

Siehe (→) Wenn du in Rom bist, handele wie ein Römer

Il fine giustifica i mezzi
Italien | Recht und Ordnung

Siehe (→) Der Zweck heiligt die Mittel

Ill weeds grow apace
England | Gut und Böse

Siehe (→) Unkraut vergeht nicht

Il mattino ha l'oro in bocca
Italien | Arbeit / Armut und Reichtum

Siehe (→) Morgenstund hat Gold im Mund

Il ne faut pas vendre la peau de l'ours avant de l'avoir tué
Frankreich | Zeit / Dummheit und Klugheit

Siehe (→) Man soll den Tag nicht vor dem Abend loben

Il n'est pire d'eau que l'eau qui dort
Frankreich | Schein und Sein / Menschen und Menschliches

Siehe (→) Stille Wasser gründen tief

Il se faut entraider: c'est la loi de nature
Frankreich | Geld und Geschäft

Siehe (→) Eine Hand wäscht die andere

Il tempo sana ogni cosa
Italien | Lebenskunst / Zeit

Siehe (→) Die Zeit heilt alle Wunden

Imperat aut servit collecta pecunia cuique
Aus dem Lateinischen | Glück und Unglück / Armut und Reichtum

Siehe (→) Geld macht nicht glücklich

I muri hanno orecchi
Italien | Sprache, Reden und Schweigen / Alltagswelt

Siehe (→) Wände haben Ohren

Incipe, parve puer, risu cognoscere matrem
Aus dem Lateinischen | Kinder und Familie

Siehe (→) Der Apfel fällt nicht weit vom Stamm

In einer kleinen Kirche ist auch ein kleiner Heiliger groß
Slowenien | Lebenskunst

Siehe (→) Unter den Blinden ist der Einäugige König

Ingens telum necessitas
Aus dem Lateinischen | Alltag / Lebenskunst

Siehe (→) Not macht erfinderisch

In nocte consilium
Aus dem Lateinischen | Erfahrung / Lebenskunst

Siehe (→) Guter Rat kommt über Nacht

In regione caecorum rex est luscus
Aus dem Lateinischen | Lebenskunst

Siehe (→) Unter den Blinden ist der Einäugige König

In seinem Geburtsland ist der Weise wie Gold in einer Mine
Aus dem Arabischen | Dummheit und Klugheit / Eigenes und Fremdes

Siehe (→) Der Prophet gilt nichts im eigenen Land

In terra di ciechi chi ha un occhio è signore
Italien | Lebenskunst

Siehe (→) Unter den Blinden ist der Einäugige König

In the kingdom of the blind, the one-eyed man is king
England | Lebenskunst

Siehe (→) Unter den Blinden ist der Einäugige König

I scratch your back, you scratch mine
England | Geld und Geschäft

Siehe (→) Eine Hand wäscht die andere

Isiracak köpek dişini göstermez
Türkei | Erfahrung

Siehe (→) Hunde, die bellen, beißen nicht

It never rains but it pours
England | Schicksal

Siehe (→) Vom Regen in die Traufe kommen

It's raining cats and dogs
England | Alltag

Siehe (→) Auf Regen folgt Sonne

Iyi tavsiye gecede gelir
Türkei | Erfahrung / Lebenskunst

Siehe (→) Guter Rat kommt über Nacht

Jablochko ot jablonjki nedaleko padajet
Russland | Kinder und Familie

Siehe (→) Der Apfel fällt nicht weit vom Stamm

Jablotschka net, sjesch i morkovku
Russland | Alltag / Armut und Reichtum

Siehe (→) In der Not frisst der Teufel Fliegen

Jamais deux sans trois
Frankreich | Alltag / Recht und Ordnung

Siehe (→) Aller guten Dinge sind drei

Jeder Vater anerkennt immer seinen Sohn als seinen Sohn, ob er Talent hat oder nicht
China | Kinder und Familie

Siehe (→) Der Apfel fällt nicht weit vom Stamm

Je mehr Hirten, desto schlechter ist die Herde beschützt
Deutschland | Essen und Trinken / Menschen und Menschliches

Siehe (→) Viele Köche verderben den Brei

Ju fler kocka desto sämre soppa
Schweden | Essen und Trinken / Menschen und Menschliches

Siehe (→) Viele Köche verderben den Brei

Kakov master, takova robota
Russland | Herr und Knecht

Siehe (→) Wie der Herr, so's Gescherr

Kakovo derevo, takov i klin, kakov bat'ka, takov i sin
Russland | Kinder und Familie

Siehe (→) Der Apfel fällt nicht weit vom Stamm

Kakov pop, takov i prichod
Russland | Herr und Knecht

Siehe (→) Wie der Herr, so's Gescherr

Keine Regel ohne Ausnahme
Deutschland | Regel und Ausnahme

Siehe (→) Eine Schwalbe macht noch keinen Sommer

Knowledge is a treasure, but practice is the key to it
England | Arbeit

Siehe (→) Leichter gesagt als getan

Knowledge without practice makes but half the artist
England | Arbeit

Siehe (→) Leichter gesagt als getan

Kommer dag, kommer råd
Schweden | Erfahrung / Lebenskunst

Siehe (→) Guter Rat kommt über Nacht

Koyun olmadığı yerde keçi Prenses olur
Aus dem Kurdischen | Alltag / Armut und Reichtum

Siehe (→) In der Not frisst der Teufel Fliegen

Kto segodnja obmanet, tomu zavtra ne poverjat
Russland | Wahrheit und Lüge

Siehe (→) Wer einmal lügt, dem glaubt man nicht, und wenn er auch die Wahrheit spricht

Kuj zeleso poka ono gorjatcho
Russland | Erfahrung

Siehe (→) Man muss das Eisen schmieden, solange es heiß ist

L'abito non fa il monaco
Italien | Schein und Sein

Siehe (→) Die Kutte macht keinen Mönch

La buona fama vale oro
Italien | Ehre und Ansehen

Siehe (→) Ein guter Name ist besser als Geld

La codicia rompe el saco
Spanien | Dummheit und Klugheit

Siehe (→) Der Krug geht so lange zum Brunnen, bis er bricht

La fin justifica los medios
Spanien | Recht und Ordnung

Siehe (→) Der Zweck heiligt die Mittel

La fin justifie les moyens
Frankreich | Recht und Ordnung

Siehe (→) Der Zweck heiligt die Mittel

La fortuna aiuta i matti e i fanciulli
Italien | Dummheit und Klugheit / Glück und Unglück

Siehe (→) Die dümmsten Bauern haben die dicksten Kartoffeln

La fortuna es ciega y non sabe con quien juega
Spanien | Dummheit und Klugheit / Glück und Unglück

Siehe (→) Die dümmsten Bauern haben die dicksten Kartoffeln

La fortune rit aux sots
Frankreich | Dummheit und Klugheit / Glück und Unglück

Siehe (→) Die dümmsten Bauern haben die dicksten Kartoffeln

Lajuschtschaja sobaka reze kusajet
Russland | Erfahrung

Siehe (→) Hund, die bellen, beißen nicht

La mal herba non si spegne mai
Italien | Gut und Böse

Siehe (→) Unkraut vergeht nicht

La mejor almohada es la consciencia sana
Spanien | Ehre und Ansehen

Siehe (→) Ein gutes Gewissen ist ein sanftes Ruhekissen

La mentira tiene piernas cortas
Spanien | Erfahrung / Wahrheit und Lüge

Siehe (→) Lügen haben kurze Beine

La necesidad aguza el ingenio
Spanien | Alltag / Lebenskunst

Siehe (→) Not macht erfinderisch

La necessità aguzza l'ingegno
Italien | Alltag / Lebenskunst

Siehe (→) Not macht erfinderisch

La nécessité est mère de l'invention
Frankreich | Alltag / Lebenskunst

Siehe (→) Not macht erfinderisch

La notte porta consiglio
Italien | Erfahrung / Lebenskunst

Siehe (→) Guter Rat kommt über Nacht

La nuit porte conseil
Frankreich | Erfahrung / Lebenskunst

Siehe (→) Guter Rat kommt über Nacht

La ocasión hace al ladrón
Spanien | Dummheit und Klugheit

Siehe (→) Gelegenheit macht Diebe

La parole est d'argent, le silence est d'or
Frankreich | Sprache, Reden und Schweigen

Siehe (→) Reden ist Silber, Schweigen ist Gold

Las paredes tienen ojos
Spanien | Sprache, Reden und Schweigen / Alltagswelt

Siehe (→) Wände haben Ohren

Lass ab vom Bösen, tu Gutes, suche Frieden und strebe ihm nach
Aus der Bibel | Gerechtigkeit und Vergeltung

Siehe (→) Was du nicht willst, dass man dir tu', das füg' auch keinem andern zu

La superbia andò a cavallo, e tornò a piedi
Italien | Erfahrung / Menschen und Menschliches

Siehe (→) Hochmut kommt vor dem Fall

Lauda finem
Aus dem Lateinischen | Zeit / Dummheit und Klugheit

Siehe (→) Man soll den Tag nicht vor dem Abend loben

Le bugie hanno corte le ali
Italien | Erfahrung / Wahrheit und Lüge

Siehe (→) Lügen haben kurze Beine

Le bugie hanno le gambe corte
Italien | Erfahrung / Wahrheit und Lüge

Siehe (→) Lügen haben kurze Beine

Le chef-d'œuvre de Dieu, c'est le cœur d'une mère
Frankreich | Kinder und Familie

Siehe (→) Der Apfel fällt nicht weit vom Stamm

Le chien aboie plutôt que de mordre
Frankreich | Erfahrung

Siehe (→) Hunde, die bellen, beißen nicht

Le chien qui aboie ne mord pas
Frankreich | Erfahrung

Siehe (→) Hunde, die bellen, beißen nicht

L'écurie use plus que la course
Frankreich | Fleiß und Faulheit

Siehe (→) Müßiggang ist aller Laster Anfang

Le dernier le loup le mange
Frankreich | Glück und Unglück

Siehe (→) Den Letzten beißen die Hunde

L'égalité, c'est l'utopie des indignes
Frankreich | Gleichheit und Gegensatz

Siehe (→) Gleich und Gleich gesellt sich gern

Le goût est le tact de l'esprit
Frankreich | Essen und Trinken / Lebenskunst

Siehe (→) Über Geschmack soll man nicht streiten

Le mauvais goût mène au crime
Frankreich | Essen und Trinken / Lebenskunst

Siehe (→) Über Geschmack soll man nicht streiten

Le premier au moulin premier engrène
Frankreich | Recht und Ordnung

Siehe (→) Wer zuerst kommt, mahlt zuerst

L'erreur est humaine
Frankreich | Menschen und Menschliches

Siehe (→) Irren ist menschlich

Le saint de la ville ne fait pas de miracles
Frankreich | Dummheit und Klugheit / Eigenes und Fremdes

Siehe (→) Der Prophet gilt nichts im eigenen Land

Les chiens ne se mangent pas entre eux
Frankreich | Ehre und Ansehen

Siehe (→) Eine Krähe hackt der anderen kein Auge aus

Les corbeaux entre eux ne se crèvent pas les yeux
Frankreich | Ehre und Ansehen

Siehe (→) Eine Krähe hackt der anderen kein Auge aus

Les dieux n'écoutent pas les vœux indolents
Frankreich | Glaube, Gott und Religion

Siehe (→) Hilf dir selbst, dann hilft dir Gott

Les extrêmes se touchent
Frankreich | Gleichheit und Gegensatz

Siehe (→) Gegensätze ziehen sich an

Les murs ont des oreilles
Frankreich | Sprache, Reden und Schweigen

Siehe (→) Wände haben Ohren

Le temps est le médecin de l'âme
Frankreich | Lebenskunst / Zeit

Siehe (→) Die Zeit heilt alle Wunden

Le temps guérit les douleurs et les querelles
Frankreich | Lebenskunst / Zeit

Siehe (→) Die Zeit heilt alle Wunden

L'habit ne fait pas le moine
Frankreich | Schein und Sein

Siehe (→) Die Kutte macht keinen Mönch

L'homme propone et Dieu dispone
Frankreich | Glaube, Gott und Religion

Siehe (→) Der Mensch denkt, Gott lenkt

L'homme s'agite, mais Dieu le mène
Frankreich | Glaube, Gott und Religion

Siehe (→) Der Mensch denkt, Gott lenkt

Lieber eine Scheibe Schinken in der Hand als ein fettes Schwein im Traum
Deutschland | Dummheit und Klugheit

Siehe (→) Besser den Spatz in der Hand als die Taube auf dem Dach

Lies have short wings
England | Erfahrung / Wahrheit und Lüge

Siehe (→) Lügen haben kurze Beine

Like father like son
England | Kinder und Familie

Siehe (→) Der Apfel fällt nicht weit vom Stamm

Like mother like daughter
England | Kinder und Familie

Siehe (→) Der Apfel fällt nicht weit vom Stamm

L'occasione fa l'uomo ladro
Italien | Dummheit und Klugheit

Siehe (→) Gelegenheit macht Diebe

L'occasion fait le larron
Frankreich | Dummheit und Klugheit

Siehe (→) Gelegenheit macht Diebe

Loin des yeux, loin du cœur
Frankreich | Menschen und Menschliches

Siehe (→) Aus den Augen, aus dem Sinn

L'oiseau l'on connaît au chanter
Frankreich | Schein und Sein

Siehe (→) An seinen Früchten erkennt man den Baum

Longum iter per praecepta
Aus dem Lateinischen | Arbeit

Siehe (→) Leichter gesagt als getan

Lontano dagli occhi, lontano dal cuore
Italien | Menschen und Menschliches

Siehe (→) Aus den Augen, aus dem Sinn

L'orgeuil précède les chutes
Frankreich | Erfahrung / Menschen und Menschliches

Siehe (→) Hochmut kommt vor dem Fall

Losch na odnoj noge stoit, a prawda na dwuh
Russland | Erfahrung / Wahrheit und Lüge

Siehe (→) Lügen haben kurze Beine

Losch na tarakanjih noschkah hodit
Russland | Erfahrung / Wahrheit und Lüge

Siehe (→) Lügen haben kurze Beine

Lucky at cards, unlucky in love
England | Liebe und Ehe / Glück und Unglück

Siehe (→) Glück im Spiel, Pech in der Liebe

Lügnerische Lippen sind abscheulich vor dem Herrn
Aus der Bibel | Wahrheit und Lüge

Siehe (→) Wer einmal lügt, dem glaubt man nicht, und wenn er auch die Wahrheit spricht

L'uomo propone e Dio dispone
Italien | Glaube, Gott und Religion

Siehe (→) Der Mensch denkt, Gott lenkt

Lutsche sinitsa vruke, tschem zuravl v nebe
Russland | Dummheit und Klugheit

Siehe (→) Besser den Spatz in der Hand als die Taube auf dem Dach

Mala herba non facile marcescit
Aus dem Lateinischen | Gut und Böse

Siehe (→) Unkraut vergeht nicht

Mal pense qui ne repense
Frankreich | Erfahrung / Lebenskunst

Siehe (→) Guter Rat kommt über Nacht

Man formt den Ton, wenn er feucht ist
Westafrika | Erfahrung

Siehe (→) Man muss das Eisen schmieden, solange es heiß ist

Mangel an Geschmack und Geschwätzigkeit beherrschen das Schicksal der Menschen
Aus dem Altgriechischen | Essen und Trinken / Lebenskunst

Siehe (→) Über Geschmack soll man nicht streiten

Man proposes, God disposes
England | Glaube, Gott und Religion

Siehe (→) Der Mensch denkt, Gott lenkt

Man ska ta seden dit man kommer
Schweden | Eigenes und Fremdes / Geografie

Siehe (→) Wenn du in Rom bist, handele wie ein Römer

Manus manum lavat
Aus dem Lateinischen | Geld und Geschäft

Siehe (→) Eine Hand wäscht die andere

Màs moscas se cogen con una gota de miel que con un cuartillo de vinagre
Spanien | Dummheit und Klugheit / Menschen und Menschliches

Siehe (→) Mit Speck fängt man Mäuse

Más vale buena fama que cama dorada
Spanien | Ehre und Ansehen

Siehe (→) Ein guter Name ist besser als Geld

Más vale pajaro en mano que cientos volando
Spanien | Dummheit und Klugheit

Siehe (→) Besser den Spatz in der Hand als die Taube auf dem Dach

Mauvaise herbe pousse toujours
Frankreich | Gut und Böse

Siehe (→) Unkraut vergeht nicht

Meglio un uovo oggi che una gallina domani
Italien | Dummheit und Klugheit

Siehe (→) Besser den Spatz in der Hand als die Taube auf dem Dach

Mendacem memorem esse oportere
Aus dem Lateinischen | Erfahrung / Wahrheit und Lüge

Siehe (→) Lügen haben kurze Beine

Mendaci homini ne verum quidem dicenti creditur
Aus dem Lateinischen | Wahrheit und Lüge

Siehe (→) Wer einmal lügt, dem glaubt man nicht, und wenn er auch die Wahrheit spricht

Mentiri non licet
Aus dem Lateinischen | Erfahrung / Wahrheit und Lüge

Siehe (→) Lügen haben kurze Beine

Milo sero, a mojet belo
Russland | Schein und Sein

Siehe (→) Es ist nicht alles Gold, was glänzt

More rain, more rest, fine weather's not always the best
England | Alltag

Siehe (→) Auf Regen folgt Sonne

Mowa jest srebrem, a milczenie złotem
Polen | Sprache, Reden und Schweigen

Siehe (→) Reden ist Silber, Schweigen ist Gold

Nadie es profeta en su tierra
Spanien | Dummheit und Klugheit / Eigenes und Fremdes

Siehe (→) Der Prophet gilt nichts im eigenen Land

Nam et ipsa scientia potestas est
Aus dem Lateinischen | Macht

Siehe (→) Wissen ist Macht

Necessitas dat legem, non ipsa accipit
Aus dem Lateinischen | Alltag / Lebenskunst

Siehe (→) Not macht erfinderisch

Necessitati parere semper habitum est sapientis
Aus dem Lateinischen | Alltag / Lebenskunst

Siehe (→) Not macht erfinderisch

Necessity has no law
England | Alltag / Lebenskunst

Siehe (→) Not macht erfinderisch

Necessity is the mother of invention
England | Alltag / Lebenskunst

(→) Not macht erfinderisch

Ne faites pas aux autres ce que vous ne voulez pas qu'on vous fasse à vous-mêmes
Frankreich | Gerechtigkeit und Vergeltung

Siehe (→) Was du nicht willst, dass man dir tu', das füg' auch keinem andern zu

Nemo propheta in patria
Aus dem Lateinischen | Dummheit und Klugheit / Eigenes und Fremdes

Siehe (→) Der Prophet gilt nichts im eigenen Land

Ne smotrja zubov vo rtu, loschadi ne pokupajut
Russland | Geld und Geschäft

Siehe (→) Dem geschenkten Gaul schaut man nicht ins Maul

Nessuno è profeta in patria
Italien | Dummheit und Klugheit / Eigenes und Fremdes

Siehe (→) Der Prophet gilt nichts im eigenen Land

Ne stschitaj utjat, poka ne vivelis
Russland | Zeit / Dummheit und Klugheit

Siehe (→) Man soll den Tag nicht vor dem Abend loben

Net proroka v svojem otetchestve
Russland | Dummheit und Klugheit / Eigenes und Fremdes

Siehe (→) Der Prophet gilt nichts im eigenen Land

Ne vdrug Moskva stroilas
Russland | Arbeit / Geschichte / Zeit

Siehe (→) Rom wurde nicht an einem Tag erbaut

Never look a gift horse in the mouth
England | Geld und Geschäft

Siehe (→) Dem geschenkten Gaul schaut man nicht ins Maul

Never say never
England | Erfahrung

Siehe (→) Hunde, die bellen, beißen nicht

Ne vsjo zoloto, sto blestit
Russland | Schein und Sein

Siehe (→) Es ist nicht alles Gold, was glänzt

Nicht jeder rote Mund ist der Mund eines Zauberers
Mittel-/Südafrika | Schein und Sein

Siehe (→) Es ist nicht alles Gold, was glänzt

Nichtstun ist schwieriger, als zu arbeiten
Aus dem Lateinischen | Fleiß und Faulheit

Siehe (→) Müßiggang ist aller Laster Anfang

No es todo oro lo que reluce
Spanien | Schein und Sein

Siehe (→) Es ist nicht alles Gold, was glänzt

No hay dos sin tres
Spanien | Alltag / Recht und Ordnung

Siehe (→) Aller guten Dinge sind drei

No hay que vender la piel del oso antes de haberlo matado
Spanien | Zeit / Dummheit und Klugheit

Siehe (→) Man soll den Tag nicht vor dem Abend loben

No hay regla sin excepción
Spanien | Regel und Ausnahme

Siehe (→) Keine Regel ohne Ausnahme

Non c'è due senza tre
Italien | Alltag / Recht und Ordnung

Siehe (→) Aller guten Dinge sind drei

Non è tutt' oro quel che reluce
Italien | Schein und Sein

Siehe (→) Es ist nicht alles Gold, was glänzt

Non fare agli altri quello que non vorresti sia fatto a ti
Italien | Gerechtigkeit und Vergeltung

Siehe (→) Was du nicht willst, dass man dir tu', das füg' auch keinem andern zu

Non l'oro, ma il cuore fa l'uomo ricco
Italien | Glück und Unglück / Armut und Reichtum

Siehe (→) Geld macht nicht glücklich

Non omne quod nitet aurum est
Aus dem Lateinischen | Schein und Sein

Siehe (→) Es ist nicht alles Gold, was glänzt

Non teneas aurum totum quod splendet ut aurum
Aus dem Lateinischen | Schein und Sein

Siehe (→) Es ist nicht alles Gold, was glänzt

No por mucho madrugar amanece más temprano
Spanien | Lebenskunst / Zeit

Siehe (→) Eile mit Weile

No risk no fun
England | Mut / Macht

Siehe (→) Wer nicht wagt, der nicht gewinnt

No se ganó Zamora en una hora
Spanien | Arbeit / Geschichte / Zeit

Siehe (→) Rom wurde nicht an einem Tag erbaut

Notarás quien es tu verdadero amigo quando se quiebra el hielo
Spanien | Freund und Feind / Glück und Unglück

Siehe (→) Den Freund erkennt man in der Not

Nothing ventured, nothing gained
England | Mut / Macht

Siehe (→) Wer nicht wagt, der nicht gewinnt

Nous défendre quelque chose, c'est nous en donner envie
Frankreich | Essen und Trinken / Eigenes und Fremdes

Siehe (→) Verbotene Früchte sind süß

Nul n'est prophète dans son pays et dans sa maison
Frankreich | Dummheit und Klugheit / Eigenes und Fremdes

Siehe (→) Der Prophet gilt nichts im eigenen Land

Numero deus impare gaudet
Aus dem Lateinischen | Alltag / Recht und Ordnung

Siehe (→) Aller guten Dinge sind drei

Occupet extremum scabies
Aus dem Lateinischen | Glück und Unglück

Siehe (→) Den Letzten beißen die Hunde

Ogni regola ha la sua eccezione
Italien | Regel und Ausnahme

Siehe (→) Keine Regel ohne Ausnahme

Ogni simile appetisce il suo simile
Italien | Gleichheit und Gegensatz

Siehe (→) Gleich und Gleich gesellt sich gern

Oh felaket, tessekür ederim eger yanlizsan
Türkei | Schicksal

Siehe (→) Vom Regen in die Traufe kommen

Ojos que no ven, corazón que no siente
Spanien | Menschen und Menschliches

Siehe (→) Aus den Augen, aus dem Sinn

Once bitten, twice shy
England | Erfahrung

Siehe (→) Gebranntes Kind scheut das Feuer

One hand washes the other, and both the face
England | Geld und Geschäft

Siehe (→) Eine Hand wäscht die andere

One swallow does not make a summer
England | Regel und Ausnahme

Siehe (→) Eine Schwalbe macht noch keinen Sommer

One swallow makes not a summer nor one meeting a marriage
England | Regel und Ausnahme

Siehe (→) Eine Schwalbe macht noch keinen Sommer

On ne fait pas de processions pour tailler les vignes
Frankreich | Glaube, Gott und Religion

Siehe (→) Hilf dir selbst, dann hilft dir Gott

On prend plus de mouches avec du miel qu'avec du vinaigre
Frankreich | Dummheit und Klugheit / Menschen und Menschliches

Siehe (→) Mit Speck fängt man Mäuse

Opportunity makes the thief
England | Dummheit und Klugheit

Siehe (→) Gelegenheit macht Diebe

Ostalih bjut
Russland | Glück und Unglück

Siehe (→) Den Letzten beißen die Hunde

Otium naufragium castitatis
Aus dem Lateinischen | Fleiß und Faulheit

Siehe (→) Müßiggang ist aller Laster Anfang

Ot slov do dela – tselaja versta
Russland | Arbeit

Siehe (→) Leichter gesagt als getan

Out of sight, out of mind
England | Menschen und Menschliches

Siehe (→) Aus den Augen, aus dem Sinn

Out of the frying pan into the fire
England | Schicksal

Siehe (→) Vom Regen in die Traufe kommen

O vkusah ne sporjat
Russland | Essen und Trinken / Lebenskunst

Siehe (→) Über Geschmack soll man nicht streiten

Paese che vai, usanza che trovi
Italien | Eigenes und Fremdes / Geografie

Siehe (→) Wenn du in Rom bist, handele wie ein Römer

Para gustos hay colores
Spanien | Essen und Trinken / Lebenskunst

Siehe (→) Über Geschmack soll man nicht streiten

Patiens et fortis se ipsum felicem facit
Aus dem Lateinischen | Mut / Macht

Siehe (→) Wer nicht wagt, der nicht gewinnt

Perro ladrador, poco mordedor
Spanien | Erfahrung

Siehe (→) Hunde, die bellen, beißen nicht

Pervaja lastotschka esche ne wesna
Russland | Regel und Ausnahme

Siehe (→) Eine Schwalbe macht noch keinen Sommer

Piove come le funi
Italien | Alltag

Siehe (→) Auf Regen folgt Sonne

Piovere a catinelle
Italien | Alltag

Siehe (→) Auf Regen folgt Sonne

Plus fait celui qui veut celui qui peut
Frankreich | Mut

Siehe (→) Wo ein Wille ist, ist auch ein Weg

Por el fruto conoce el árbol
Spanien | Schein und Sein

Siehe (→) An seinen Früchten erkennt man den Baum

Pospeschaj, da ne toropis
Russland | Lebenskunst / Zeit

Siehe (→) Eile mit Weile

Pride goes before a fall
England | Erfahrung / Menschen und Menschliches

Siehe (→) Hochmut kommt vor dem Fall

Prima di vender la pelle bisogna aver ferito l'orso
Italien | Zeit / Dummheit und Klugheit

Siehe (→) Man soll den Tag nicht vor dem Abend loben

Prior tempore potior iure
Aus dem Lateinischen | Recht und Ordnung

Siehe (→) Wer zuerst kommt, mahlt zuerst

Provecho quiero que sin él no vale un cuartrin la buena fama
Spanien | Ehre und Ansehen

Siehe (→) Ein guter Name ist besser als Geld

Qualis pater, talis filius
Aus dem Lateinischen | Kinder und Familie

Siehe (→) Der Apfel fällt nicht weit vom Stamm

Qualis rex, talis grex
Aus dem Lateinischen | Herr und Knecht

Siehe (→) Wie der Herr, so's Gescherr

Quando a Roma vai, fa come vedrai
Italien | Eigenes und Fremdes / Geografie

Siehe (→) Wenn du in Rom bist, handele wie ein Römer

Quando la gatta non è in paese, i topi ballano
Italien | Recht und Ordnung

Siehe (→) Ist die Katze aus dem Haus, tanzen die Mäuse auf dem Tisch

Quantum oculis animo tam procul ibit amor
Aus dem Lateinischen | Menschen und Menschliches

Siehe (→) Aus den Augen, aus dem Sinn

Quien no se arriesga, no pasa la mar
Spanien | Mut / Macht

Siehe (→) Wer nicht wagt, der nicht gewinnt

Quien primero viene primero muele
Spanien | Recht und Ordnung

Siehe (→) Wer zuerst kommt, mahlt zuerst

Quien siembra vientos, recoge tempestades
Spanien | Gut und Böse

Siehe (→) Wer Wind sät, wird Sturm ernten

Qui ne risque rien, n'a rien
Frankreich | Mut / Macht

Siehe (→) Wer nicht wagt, der nicht gewinnt

Qui perd sa matinée perd les trois quarts de sa journée
Frankreich | Arbeit / Armut und Reichtum

Siehe (→) Morgenstund hat Gold im Mund

Qui sème le vent récolte la tempête
Frankreich | Gut und Böse

Siehe (→) Wer Wind sät, wird Sturm ernten

Qui se ressemble s'assemble
Frankreich | Gleichheit und Gegensatz

Siehe (→) Gleich und Gleich gesellt sich gern

Quod licet, ingratum est, quod non licet, acrius urit
Aus dem Lateinischen | Essen und Trinken / Eigenes und Fremdes

Siehe (→) Verbotene Früchte sind süß

Quot capita tot sensus
Aus dem Lateinischen | Gesellschaft

Siehe (→) So viele Köpfe, so viele Sinne

Ranjaja ptaschka tscherjaka klüjet
Russland | Arbeit / Armut und Reichtum

Siehe (→) Morgenstund hat Gold im Mund

Ransche natschnösch – ransche okontschisch
Russland | Recht und Ordnung

Siehe (→) Wer zuerst kommt, mahlt zuerst

Red'ka hvalilas: ja s mjodom horosha
Russland | Dummheit und Klugheit / Menschen und Menschliches

Siehe (→) Mit Speck fängt man Mäuse

Regnet står som spön i backen
Schweden | Alltag

Siehe (→) Auf Regen folgt Sonne

Reputation is a jewel whose loss cannot be repaired
England | Ehre und Ansehen

Siehe (→) Ein guter Name ist besser als Geld

Riches alone make no man happy
England | Glück und Unglück / Armut und Reichtum

Siehe (→) Geld macht nicht glücklich

Riches serve a wise man, but command a fool
England | Glück und Unglück / Armut und Reichtum

Siehe (→) Geld macht nicht glücklich

Roma non fu fatta in un giorno
Italien | Arbeit / Geschichte / Zeit

Siehe (→) Rom wurde nicht an einem Tag erbaut

Rome ne s'est pas faite en un jour
Frankreich | Arbeit / Geschichte / Zeit

Siehe (→) Rom wurde nicht an einem Tag erbaut

Rome was not built in a day
England | Arbeit / Geschichte / Zeit

Siehe (→) Rom wurde nicht an einem Tag erbaut

Ruin señor cría ruin servidor
Spanien | Herr und Knecht

Siehe (→) Wie der Herr, so's Gescherr

Ruka ruku moet, wor wora kroet
Russland | Ehre und Ansehen

Siehe (→) Eine Krähe hackt der anderen kein Auge aus

Ruka ruku moet, wor wora kroet
Russland | Geld und Geschäft

Siehe (→) Eine Hand wäscht die andere

Rules are made to be broken
England | Regel und Ausnahme

Siehe (→) Keine Regel ohne Ausnahme

Ruling the waves by waiving the rules
England | Alltag / Lebenskunst

Siehe (→) Not macht erfinderisch

Sag, was du sagen willst, morgen
Japan | Erfahrung / Lebenskunst

Siehe (→) Guter Rat kommt über Nacht

Sapere è potere
Italien | Macht

Siehe (→) Wissen ist Macht

Sätze sind die Atemzüge der Seele
Aus dem Altgriechischen | Sprache, Reden und Schweigen

Siehe (→) Reden ist Silber, Schweigen ist Gold

Savoir, c'est pouvoir
Frankreich | Macht

Siehe (→) Wissen ist Macht

Savoir pour prévoir, afin de pouvoir
Frankreich | Macht

Siehe (→) Wissen ist Macht

S bogatstvom um prihodit
Russland | Glück und Unglück / Armut und Reichtum

Siehe (→) Geld macht nicht glücklich

S'ciany maja; uszy
Polen | Sprache, Reden und Schweigen

Siehe (→) Wände haben Ohren

Secundae cogitationes meliores
Aus dem Altgriechischen | Erfahrung / Lebenskunst

Siehe (→) Guter Rat kommt über Nacht

Sehr weit im Osten ist wieder Westen
China | Gleichheit und Gegensatz

Siehe (→) Gegensätze ziehen sich an

Selon le temps, la manière
Frankreich | Erfahrung

Siehe (→) Man muss das Eisen schmieden, solange es heiß ist

S glaz doloi – iz serdtsa von
Russland | Menschen und Menschliches

Siehe (→) Aus den Augen, aus dem Sinn

Si finis bonum est, totum bonum est
Aus dem Lateinischen | Lebenskunst / Zeit

Siehe (→) Ende gut, alles gut

Si pigliano più mosche in una gocccia di miele che in un barile d'aceto
Italien | Dummheit und Klugheit / Menschen und Menschliches

Siehe (→) Mit Speck fängt man Mäuse

Si tacuisses philosophus mansisses
Aus dem Lateinischen | Sprache, Reden und Schweigen

Siehe (→) Reden ist Silber, Schweigen ist Gold

Sol omnibus lucet
Aus dem Lateinischen | Gleichheit und Gegensatz

Siehe (→) Gleich und Gleich gesellt sich gern

So many heads, so many wits
England | Gesellschaft

Siehe (→) So viele Köpfe, so viele Sinne

So many men, so many minds
England | Gesellschaft

Siehe (→) So viele Köpfe, so viele Sinne

Sono caduto dalla padella nella brace
Italien | Schicksal

Siehe (→) Vom Regen in die Traufe kommen

Sprich, damit ich dich sehe
Deutschland | Sprache, Reden und Schweigen

Siehe (→) Reden ist Silber, Schweigen ist Gold

Stay a little, that we may make an end the sooner
England | Lebenskunst / Zeit

Siehe (→) Eile mit Weile

Stehendes Wasser wird unrein
Georgien | Fleiß und Faulheit

Siehe (→) Müßiggang ist aller Laster Anfang

Still waters run deep
England | Schein und Sein / Menschen und Menschliches

Siehe (→) Stille Wasser gründen tief

Strike while the iron is hot
England | Erfahrung

Siehe (→) Man muss das Eisen schmieden, solange es heiß ist

Superbia, invidia ed avarizia sono le tre faville c' hanno i cuori accesi
Italien | Erfahrung / Menschen und Menschliches

Siehe (→) Hochmut kommt vor dem Fall

Su testisı yolunda kınlır
Türkei | Dummheit und Klugheit

Siehe (→) Der Krug geht so lange zum Brunnen, bis er bricht

Sütten agzi yanan yogurdu üfleyerek yer
Türkei | Erfahrung

Siehe (→) Gebranntes Kind scheut das Feuer

S wolkami schit – po-woltschi wi't
Russland | Freund und Feind / Lebenskunst

Siehe (→) Wenn man unter Wölfen ist, muss man mit ihnen heulen

Tala är silver tiga är guld
Schweden | Sprache, Reden und Schweigen

Siehe (→) Reden ist Silber, Schweigen ist Gold

Tal padre tal hijo
Spanien | Kinder und Familie

Siehe (→) Der Apfel fällt nicht weit vom Stamm

Tante teste, tante idee
Italien | Gesellschaft

Siehe (→) So viele Köpfe, so viele Sinne

Tanto va el cántaro a la fuente que al final se rompe
Spanien | Dummheit und Klugheit

Siehe (→) Der Krug geht so lange zum Brunnen, bis er bricht

Tanto va la brocca al fonte, finchè alla fine non si rompe
Italien | Dummheit und Klugheit

Siehe (→) Der Krug geht so lange zum Brunnen, bis er bricht

Tanto va la gatta al lardo che ci lascia lo zampino
Italien | Dummheit und Klugheit

Siehe (→) Der Krug geht so lange zum Brunnen, bis er bricht

Tant va la cruche à l'eau qu'à la fin elle se brise
Frankreich | Dummheit und Klugheit

Siehe (→) Der Krug geht so lange zum Brunnen, bis er bricht

Tastes differ
England | Essen und Trinken / Lebenskunst

Siehe (→) Über Geschmack soll man nicht streiten

Tel entre pape au conclave qui en sort cardinal
Frankreich | Zeit / Dummheit und Klugheit

Siehe (→) Man soll den Tag nicht vor dem Abend loben

Tel est pris qui croyait prendre
Frankreich | Gerechtigkeit und Vergeltung

Siehe (→) Wer anderen eine Grube gräbt, fällt selbst hinein

Tel père tel fils
Frankreich | Kinder und Familie

Siehe (→) Der Apfel fällt nicht weit vom Stamm

Tempus edax rerum
Aus dem Lateinischen | Lebenskunst / Zeit

Siehe (→) Die Zeit heilt alle Wunden

The apples on the other side of the wall are the sweetest
England | Essen und Trinken / Eigenes und Fremdes

Siehe (→) Verbotene Früchte sind süß

The biter is sometimes bit
England | Gerechtigkeit und Vergeltung

Siehe (→) Wer anderen eine Grube gräbt, fällt selbst hinein

The cowl does not make the monk
England | Schein und Sein

Siehe (→) Die Kutte macht keinen Mönch

The devil take the hindmost
England | Glück und Unglück

Siehe (→) Den Letzten beißen die Hunde

The early bird catches the worm
England | Arbeit / Armut und Reichtum

Siehe (→) Morgenstund hat Gold im Mund

The early bird gets the late one's breakfast
England | Arbeit / Armut und Reichtum

Siehe (→) Morgenstund hat Gold im Mund

The end justifies the means
England | Recht und Ordnung

Siehe (→) Der Zweck heiligt die Mittel

The pitcher goes so often to the well but is broken at last
England | Dummheit und Klugheit

Siehe (→) Der Krug geht so lange zum Brunnen, bis er bricht

There is honour among thieves
England | Ehre und Ansehen

Siehe (→) Eine Krähe hackt der anderen kein Auge aus

There is no accounting for tastes
England | Essen und Trinken / Lebenskunst

Siehe (→) Über Geschmack soll man nicht streiten

There is no rule without an exception
England | Regel und Ausnahme

Siehe (→) Keine Regel ohne Ausnahme

There is nothing so bold as a blind horse
England | Mut / Macht

Siehe (→) Wer nicht wagt, der nicht gewinnt

The weeds overgrow the corn
England | Gut und Böse

Siehe (→) Unkraut vergeht nicht

The will is a good son and an evil child
England | Mut

Siehe (→) Wo ein Wille ist, ist auch ein Weg

Third time lucky
England | Alltag / Recht und Ordnung

Siehe (→) Aller guten Dinge sind drei

Three things are unsatiable, priests, monks, and the sea
England | Alltag / Recht und Ordnung

Siehe (→) Aller guten Dinge sind drei

Time cures all things
England | Lebenskunst / Zeit

Siehe (→) Die Zeit heilt alle Wunden

Time is a great healer
England | Lebenskunst / Zeit

Siehe (→) Die Zeit heilt alle Wunden

To err is human
England | Menschen und Menschliches

Siehe (→) Irren ist menschlich

To err is human, to forgive divine
England | Menschen und Menschliches

Siehe (→) Irren ist menschlich

Too many cooks spoil the broth
England | Essen und Trinken / Menschen und Menschliches

Siehe (→) Viele Köche verderben den Brei

Tout ce qui brille n'est pas d'or
Frankreich | Schein und Sein

Siehe (→) Es ist nicht alles Gold, was glänzt

Tout est bien qui fini bien
Frankreich | Lebenskunst / Zeit

Siehe (→) Ende gut, alles gut

Tout vient à celui qui sait attendre
Frankreich | Lebenskunst / Zeit

Siehe (→) Eile mit Weile

Tra il dire e il fare c'è in mezzo il mare
Italien | Arbeit

Siehe (→) Leichter gesagt als getan

Trop de cuisiniers gâtent la sauce
Frankreich | Essen und Trinken / Menschen und Menschliches

Siehe (→) Viele Köche verderben den Brei

Troppi cuochi guastan la cucina
Italien | Essen und Trinken / Menschen und Menschliches

Siehe (→) Viele Köche verderben den Brei

Tschelovek predpolagajet, a bog raspolagajet
Russland | Glaube, Gott und Religion

Siehe (→) Der Mensch denkt, Gott lenkt

Tsipljat po oseni stschitajut
Russland | Zeit / Dummheit und Klugheit

Siehe (→) Man soll den Tag nicht vor dem Abend loben

Tutto è bene ciò che riesce bene
Italien | Lebenskunst / Zeit

Siehe (→) Ende gut, alles gut

Ubi nil timetur, quod timeatur, nascitur
Aus dem Lateinischen | Recht und Ordnung

Siehe (→) Ist die Katze aus dem Haus, tanzen die Mäuse auf dem Tisch

Umana cosa è errare
Italien | Menschen und Menschliches

Siehe (→) Irren ist menschlich

Una buona coscienza è un buon cuscino
Italien | Ehre und Ansehen

Siehe (→) Ein gutes Gewissen ist ein sanftes Ruhekissen

Una golondrina no hace primavera/verano
Spanien | Regel und Ausnahme

Siehe (→) Eine Schwalbe macht noch keinen Sommer

Una mano lava a la otra, y las dos lavan la cara
Spanien | Geld und Geschäft

Siehe (→) Eine Hand wäscht die andere

Una mano lava l'altra, e ambedue lavano il visio
Italien | Geld und Geschäft

Siehe (→) Eine Hand wäscht die andere

Una rondine non fa primavera
Italien | Regel und Ausnahme

Siehe (→) Eine Schwalbe macht noch keinen Sommer

Un cœur de père est le chef-d'œuvre de la nature
Frankreich | Kinder und Familie

Siehe (→) Der Apfel fällt nicht weit vom Stamm

Une bonne conscience est un doux oreiller
Frankreich | Ehre und Ansehen

Siehe (→) Ein gutes Gewissen ist ein sanftes Ruhekissen

Une fois n'est pas coutume
Frankreich | Alltag / Recht und Ordnung

Siehe (→) Aller guten Dinge sind drei

Une hirondelle ne fait pas le printemps
Frankreich | Regel und Ausnahme

Siehe (→) Eine Schwalbe macht noch keinen Sommer

Un lac réfléchit mieux les étoiles qu'une rivière
Frankreich | Schein und Sein / Menschen und Menschliches

Siehe (→) Stille Wasser gründen tief

Un menteur n'est point écouté, même en disant la vérité
Frankreich | Wahrheit und Lüge

Siehe (→) Wer einmal lügt, dem glaubt man nicht, und wenn er auch die Wahrheit spricht

Utro vetschera mudreneje
Russland | Erfahrung / Lebenskunst

Siehe (→) Guter Rat kommt über Nacht

Utschenje – svet, a neutschenje – tjma
Russland | Macht

Siehe (→) Wissen ist Macht

Val più saper che aver
Italien | Macht

Siehe (→) Wissen ist Macht

Verbinde dich nur mit Leuten deines Vermögens und deines Standes – man mischt nicht Öl mit Wasser und Essig mit Milch
Aus dem Persischen | Ehre und Ansehen / Menschen und Menschliches

Siehe (→) Sage mir, mit wem du umgehst, und ich sage dir, wer du bist

Vespere laudatur
Aus dem Lateinischen | Zeit / Dummheit und Klugheit

Siehe (→) Man soll den Tag nicht vor dem Abend loben

Vigilantibus, non dormientibus, subveniunt iura
Aus dem Lateinischen | Dummheit und Klugheit

Siehe (→) Gelegenheit macht Diebe

Vitam regit fortuna non sapientia
Aus dem Lateinischen | Dummheit und Klugheit / Glück und Unglück

Siehe (→) Die dümmsten Bauern haben die dicksten Kartoffeln

V kartotschnoj igre ne vezet – povezet v ljubvi
Russland | Liebe und Ehe / Glück und Unglück

Siehe (→) Glück im Spiel, Pech in der Liebe

Volere è potere
Italien | Mut

Siehe (→) Wo ein Wille ist, ist auch ein Weg

Von der Skylla in die Charybdis kommen
Deutschland | Schicksal

Siehe (→) Vom Regen in die Traufe kommen

Voron voronu glas ne vikljunet
Russland | Ehre und Ansehen

Siehe (→) Eine Krähe hackt der anderen kein Auge aus

Vouloir, c'est pouvoir
Frankreich | Mut

Siehe (→) Wo ein Wille ist, ist auch ein Weg

V slepom tsarstve i krivoi – korol'
Russland | Lebenskunst

Siehe (→) Unter den Blinden ist der Einäugige König

Vsö horoscho, tchto horoscho kontchaetsa
Russland | Lebenskunst / Zeit

Siehe (→) Ende gut, alles gut

V stenkah uschi jest
Russland | Sprache, Reden und Schweigen

Siehe (→) Wände haben Ohren

V tihom omute tscherti vodjatsa
Russland | Schein und Sein / Menschen und Menschliches

Siehe (→) Stille Wasser gründen tief

Walls have ears
England | Sprache, Reden und Schweigen

Siehe (→) Wände haben Ohren

Was keinen Kopf hat, kann nicht gehen; was zwei Köpfe hat, geht immer noch weniger gut
Nigeria | Essen und Trinken / Menschen und Menschliches

Siehe (→) Viele Köche verderben den Brei

Water runs smoothest where it is deepest
England | Schein und Sein / Menschen und Menschliches

Siehe (→) Stille Wasser gründen tief

Weeds want no sowing
England | Gut und Böse

Siehe (→) Unkraut vergeht nicht

Wenn der Charakter eines Menschen dir undurchsichtig ist, betrachte seine Freunde
Japan | Ehre und Ansehen / Menschen und Menschliches

Siehe (→) Sage mir, mit wem du umgehst, und ich sage dir, wer du bist

Wenn der Wind stürmisch weht, macht er alle Bäume zittern
Aus dem Persischen | Gut und Böse

Siehe (→) Wer Wind sät, wird Sturm ernten

Wenn du in Gesellschaft eines Hinkenden bist, wirst du lernen zu hinken
Aus dem Altgriechischen | Ehre und Ansehen / Menschen und Menschliches

Siehe (→) Sage mir, mit wem du umgehst, und ich sage dir, wer du bist

Wenn du Schuld auf dich laden willst, heirate; wenn du Ruhm erlangen willst, stirb
Ostafrika | Menschen und Menschliches

Siehe (→) Aus den Augen, aus dem Sinn

Wenn du Wertschätzung suchst – stirb oder verreise
Aus dem Persischen | Menschen und Menschliches

Siehe (→) Aus den Augen, aus dem Sinn

Wenn es mehrere Kapitäne gibt, wird das Schiff kentern
Aus dem Arabischen | Essen und Trinken / Menschen und Menschliches

Siehe (→) Viele Köche verderben den Brei

Wenn es sieben Steuerleute und acht Seeleute gibt, wird das Schiff untergehen
China | Essen und Trinken / Menschen und Menschliches

Siehe (→) Viele Köche verderben den Brei

Wenn kein Honig da ist, muss man sich mit Melasse begnügen
Indien | Alltag / Armut und Reichtum

Siehe (→) In der Not frisst der Teufel Fliegen

Wer Böses tut, dem wird mit Bösem vergolten
Aus dem Koran | Gerechtigkeit und Vergeltung

Siehe (→) Wer anderen eine Grube gräbt, fällt selbst hinein

Wer den Hund nicht füttert, füttert den Dieb
Estland | Dummheit und Klugheit

Siehe (→) Gelegenheit macht Diebe

Wer den Nachbarn auslacht, wird dasselbe erleben
Türkei | Gerechtigkeit und Vergeltung

Siehe (→) Wer anderen eine Grube gräbt, fällt selbst hinein

Wer den Willen hat, hat auch die Kraft
Aus dem Altgriechischen | Mut

Siehe (→) Wo ein Wille ist, ist auch ein Weg

Wer einen Berg versetzt hat, der hat damit begonnen, kleine Steine wegzutragen
China | Arbeit / Geschichte / Zeit

Siehe (→) Rom wurde nicht an einem Tag erbaut

Wer einmal lügt, dem glaubt man nicht, und wenn er auch die Wahrheit spricht
Deutschland | Erfahrung / Wahrheit und Lüge

Siehe (→) Lügen haben kurze Beine

Wer Gleichheit sucht, soll auf den Friedhof gehen
Deutschland | Gleichheit und Gegensatz

Siehe (→) Gleich und Gleich gesellt sich gern

Wer mit weisen Männern geht, wird weise werden, aber der Begleiter von Narren wird zerstört werden
Aus der Bibel | Ehre und Ansehen / Menschen und Menschliches

Siehe (→) Sage mir, mit wem du umgehst, und ich sage dir, wer du bist

Wer Schiffbruch erlitten hat, zittert schon in ruhigem Gewässer
Aus dem Lateinischen | Erfahrung

Siehe (→) Gebranntes Kind scheut das Feuer

Wer sich an der Glut verbrannt hat, läuft vor einem Glühwürmchen davon
Indien | Erfahrung

Siehe (→) Gebranntes Kind scheut das Feuer

Wer Unkraut im Feuer findet, sollte Holz darauf legen
Aus dem Arabischen | Gut und Böse

Siehe (→) Unkraut vergeht nicht

Wer von einer Schlange gebissen wurde, hat Angst vor einem Seil
Aus dem Hebräischen | Erfahrung

Siehe (→) Gebranntes Kind scheut das Feuer

When in Rome, do as the Romans do
England | Eigenes und Fremdes / Geografie

Siehe (→) Wenn du in Rom bist, handele wie ein Römer

When the cat's away, the mice will play
England | Recht und Ordnung

Siehe (→) Ist die Katze aus dem Haus, tanzen die Mäuse auf dem Tisch

Where there's a will, there's a way
England | Mut

Siehe (→) Wo ein Wille ist, ist auch ein Weg

Who keeps company with wolves will learn to howl
England | Freund und Feind / Lebenskunst

Siehe (→) Wenn man unter Wölfen ist, muss man mit ihnen heulen

Why keep a dog and bark yourself?
England | Erfahrung

Siehe (→) Hunde, die bellen, beißen nicht

Wídno ptízu po poljótu
Russland | Schein und Sein

Siehe (→) An seinen Früchten erkennt man den Baum

Wissen ist sich erinnern
Aus dem Altgriechischen | Macht

Siehe (→) Wissen ist Macht

Wo es keine Bäume gibt, ist der Rizinus König
Indien | Lebenskunst

Siehe (→) Unter den Blinden ist der Einäugige König

Wolę kiełbasę w ręku, jak szynki w mięsnym
Polen | Dummheit und Klugheit

Siehe (→) Besser den Spatz in der Hand als die Taube auf dem Dach

Wremja lutschij lekar'
Russland | Lebenskunst / Zeit

Siehe (→) Die Zeit heilt alle Wunden

Yalancinin mumu yatsiya kadar yanar
Türkei | Erfahrung / Wahrheit und Lüge

Siehe (→) Lügen haben kurze Beine

Zarja denjgu rodit
Russland | Arbeit / Armut und Reichtum

Siehe (→) Morgenstund hat Gold im Mund